Das transpersonale Selbst

Die Reise ins Cloud-Bewusstsein, unser verstecktes zweites Betriebssystem, das Feld unbegrenzter Möglichkeiten.

Ralph Wilms

Für Tamara,
ohne die dieses Buch
nie entstanden wäre.

«Der größte Irrtum des Menschen
ist sein Glaube,
es gäbe andere Ursachen,
als seinen eigenen Bewusstseinszustand.»
Neville Goddard

Inhalt

C. Die Reise ins Cloud-Bewusstsein

D. Transpersonale Techniken – Aktivierung des Cloud-Bewusstseins

Vorwort

> «Wenn dein Lebensplan darin besteht,
> weniger zu sein, als das,
> wozu du wirklich fähig bist,
> wirst du wahrscheinlich
> den Rest deines Lebens
> unglücklich sein.»
> *Abraham Maslow*

Ich wollte einfach nur frei sein, frei von den gesellschaftlichen Mustern, den unbewussten, dumpfen Programmen meiner Eltern und der Kultur, in der ich aufgewachsen bin. Ich wollte das Beste aus mir herausholen, ohne Anstrengung. Ich habe nie an Anstrengung geglaubt. Ich war immer davon überzeugt, dass es einfach gehen kann. Heute weiß ich, dass es einfach geht, sehr einfach. Dieses Buch handelt von den einfachsten und wirkungsvollsten Techniken, die ich in 40 Jahren Potentialentfaltung gefunden habe, und von einem versteckten, zweiten Betriebssystem im Gehirn, das evolutionär darauf wartet, aktiviert zu werden.

Auf der Reise in die Potentialentfaltung wurde mir schnell klar, dass da draußen keine Antworten sind. Wer den Hebel da ansetzen will, wo man mit wenig Aufwand viel erreichen kann, kommt an seiner inneren Software nicht vorbei. Da draußen ist eine virtuelle Realität, die mit einer gewissen Zeitverzögerung auf unsere Gedanken, Gefühle, Haltungen und Überzeugungen reagiert. Alles, was draußen ist, ist ein Spiegel unserer inneren Realität. So beschäftigte ich mich viele Jahren mit folgenden Fragen: Wie gehe ich am besten mit meinen Gefühlen und Gedanken um? Wie kann ich Ängste, einschränkende Muster und Blockaden nachhaltig auflösen? Wie schaffe ich es, meine Ziele mit weniger Aufwand zu erreichen, ohne Burnout, Scheidung oder Krankheit? Wie finde ich heraus, was meine wirkliche Bestimmung ist? Wie lebe ich in Beziehungen ohne Beziehungsstress? Wie gehe ich über das kleine „Ich" hinaus und finde die Leichtigkeit des Seins?

Gibt es so etwas wie innere Führung und schaffe ich einen einfachen Zugang zum Höheren Selbst? Nach einer Weile wurde mir klar, dass Kontrolle keine Antwort ist. Zu viel Kontrolle verengt die Gefäße, ist unsexy und bringt nur momentan Erfolg.

Nach vielen Jahren der praktischen Forschung und Anwendung verschiedenster Techniken aus den unterschiedlichsten Kulturen fiel es mir wie Schuppen von den Augen. Wir haben ein zweites, verstecktes „Betriebssystem" zur Verfügung, das uns ermöglicht unser volles Potential zu leben. Sobald wir es aktivieren und es trainieren, steht es uns als neues Orientierungssystem zur Verfügung. Es ist ungleich smarter, entspannter und lustvoller als das alte „mentale Betriebssystem". In diesem Buch nehme ich Sie mit auf die Reise in dieses zweite versteckte Betriebssystem. Ich möchte Ihnen aufzeigen, wie Sie mit diesem anderen Betriebssystem Lebensfreude, Leichtigkeit des Seins und eine tiefe Gelassenheit zurückgewinnen.

A. Das Transpersonale Selbst

1. Die innere Reise

In der Tiefe unseres Wesens verbirgt sich ein Geheimnis, das uns Menschen seit Ewigkeiten bewegt. Die Odyssee beschreibt diese rätselhafte Suche nach jenem Geheimnis. Homer hat vor mehr als 2800 Jahren den Archetyp des Odysseus geschaffen, der auf der Suche nach der Tiefe seines Wesens viele Irrwege gehen musste, bevor er da ankam, wo er aufgebrochen war: im Hause seiner Seele. Bei dieser Reise, die aus einem inneren Ruf (Berufung) heraus erfolgt, begegnet er vielen Gefahren, Prüfungen, Göttern, Gegnern, Helfern und überschreitet zahlreiche Grenzen. Der amerikanische Anthropologe Joseph Campbell beschrieb diese archetypische Reise des Odysseus als eine mythische Heldenreise, die wir alle in uns haben. Fast alle Hollywood-Filme sind nach diesem Schema der Heldenreise aufgebaut, von *Pretty Woman* über *Star Wars* bis zur *Matrix*. Ausgangspunkt ist immer die langweilige Alltagsrealität, ein Zustand der Stagnation, oft begleitet von einem manchmal jahrelangen Warten auf den Aufbruch in eine neue Wirklichkeit.

Ohne Intuition, ohne die innere Stimme, findet diese Reise nicht statt. Die meisten bleiben in der durchnormierten, eindimensionalen Oberflächenstruktur des Lebens stecken. Sie haben sich zu früh und zu komplett an die familiären und gesellschaftlichen Normen des Massenbewusstseins anpassen müssen. Wirkliche Individualität, das authentische Selbst und damit auch die Intuition, hat sich nicht entfalten können. Der Anpassungs- und Erwartungsdruck war zu hoch oder die Traumatisierung zu stark. Die damit einhergehende Angst, aus dem Rahmen zu fallen, verhindert oft ein Leben lang tatsächliche Selbstbestimmung, häufig bis zu dem Zeitpunkt, an dem dieses genormte Leben auseinanderfällt und das falsche Selbst kollabiert. Bei vielen Menschen gleicht es einem Aufwachen aus der Trance. Man steht nackt auf der Bühne des Lebens, hat keine Erfolgsstory zu berichten, aber atmet nun die eigene Luft, spürt vielleicht seit langem wieder die eigene Seele. Wirkliche Transformation findet nur hier statt, auf der Ebene des Seins.

Wer sich dann traut ‚tiefer zu gehen, die eigene Mitte sucht, sich über Meditation mit der Stille anfreundet und die innere Software genauer unter die Lupe nimmt, findet alte unverheilte Wunden, negative Selbstbilder, innere Kritiker, Saboteure und vor allem Chaos. Die wirksamste Intervention in dieser Phase besteht darin, Abstand zu den Gedanken herzustellen und sich tief in den Körper hinein zu entspannen. Am besten funktioniert das, wenn man das Wollen vollständig aufgibt, auch das Wollen, sich zu entspannen. Entspannung ist nämlich, ebenso wie Meditation und Intuition, ein Spontanphänomen. Es stellt sich ein, wenn man einfach nur beobachtet und wirklich gar nichts tut. Viele verzetteln sich an dieser Stelle in Selbstoptimierungsstrategien. Achtung! Das authentische Selbst ist nicht etwas, das Sie entwickeln, sondern etwas, was Sie bereits sind! Was man in der Essenz ist, kann sich nur spontan manifestieren. Im Zen heißt es dazu: „Das Gras wächst nicht schneller, wenn man daran zieht." Ich würde ergänzen: „Je mehr Sie am Gras ziehen, umso weniger wächst es."

Viele brechen an dieser Stelle ab, machen entweder einen großen Bogen um den „Misthaufen", der sich da im Laufe einer Biographie angesammelt hat oder finden es schlicht und ergreifend zu langweilig, einfach nur still zu sitzen und nichts zu tun. Wer diese Anfangswiderstände mit Geduld überwindet, wer es schafft, sich immer mehr auf der Meta-Ebene des inneren Beobachters zu verankern, der gewinnt Abstand zu den eigenen Mustern, Überzeugungen und Programmen und vor allem Humor in Bezug auf sich selbst. Er wird vielfach belohnt. Der Motor der *Intuition* springt wieder an. Die feine, leise, Stimme des authentischen Selbst wird nun wieder hörbar. Die Heldenreise kann beginnen. Man folgt dem inneren Ruf, erst zögerlich mit vielen Zweifeln und dann immer mehr. Der innere Kompass wird immer wieder neu geeicht. Manchmal verliert man sich erneut in konventionellen Sackgassen, vertraut den falschen Menschen, fällt die falschen Entscheidungen. Aber all diese Irrwege gehören zur Heldenreise. Man fällt hin, versorgt seine Wunden, wischt sich die Tränen weg und steht wieder auf. Der innere Kompass wird im Laufe der Zeit immer klarer. Nach und nach lichtet sich der Nebel und der Weg, auf dem man geht, fühlt sich richtig gut an. Es ist der eigene, intuitive Weg, der nach Hause führt. Mit der Zeit lernt man, dass diese intuitive Intelligenz über ein hoch effizientes Unterstützungssystem verfügt, das darauf ausgerichtet ist, Anstrengungen zu verringern und die Leichtigkeit des Seins zu erhöhen. Es steht uns für alle Lebensbereiche zur Verfügung. Je mehr wir diese intuitive Intelligenz einsetzen, umso mehr Sinnhaftigkeit, Erfüllung und Gelassenheit finden wir. Die Treibjagd ist zu Ende.

«Wer einmal sich selbst gefunden,
der kann nichts auf dieser Welt mehr verlieren.
Wer einmal den Menschen in sich begriffen hat,
der begreift alle Menschen.»
Stefan Zweig

2. Resonanz

«Es gibt keine Wirklichkeit außer der in uns. Dies ist auch der Grund, warum
so viele Menschen ein unwirkliches Leben führen. Sie halten die Bilder der
äußeren Welt für die Wirklichkeit und lassen die innere Welt sich nie
entwickeln.» *Hermann Hesse*

Der Lärm der Welt, die Alltagspflichten, Nachrichten, Katastrophen-
meldungen und viel Triviales, schieben sich unaufhaltsam zwischen das
transpersonale Selbst und das Ich. Das Ich verliert sich gern in
Nebensächlichkeiten, sucht Zerstreuung, wird mitgenommen in den Strudel
der Ereignisse, versucht allzu Leidvolles zu vermeiden und Lustvolles zu
gewinnen. Aus der Rolle des neutralen Beobachters wahrgenommen,
gleichen die westlichen Gesellschaften einer Kolonie übereifriger Ameisen,
die Bewegung jeglicher Art und egal in welche Richtung der Ruhe und dem
Stillstand vorziehen. Als wenn eine innere Stimme die Menschen permanent
vorantreibt, hallt es überall wider: „Geh weiter, schnell, beeil dich! Du musst
weiterkommen. Kaufe, arbeite und streng dich an. Halte nicht inne, denn du
genügst nicht so, wie du bist.“

Ohne Aktivierung des transpersonalen Selbst überwältigt uns die Angst oder
die Sorge um die Zukunft. Sorgen und Ängste sind Widerstände gegen das,
was ist. Wenn wir uns dem Augenblick hingeben, haben wir keine Gedanken,
sondern sind von der Totalität des Augenblicks erfüllt. In außergewöhnlichen
Bewusstseinszuständen erleben wir diese Qualität des Momentes – in der
Liebe, in der Natur, in der Arbeit. Leben im transpersonalen Selbst, in der
Magie des Augenblicks, heißt ein Leben ungefiltert von sorgenvollen
Gedanken zu führen. In einem anderen Zeitkontext zu sein, in der
Vergangenheit oder der Zukunft, ist typisch für unser konventionelles 1
Betriebssystem, denn der Verstand suggeriert uns laufend, dass später, in der
Zukunft die Dinge besser sein werden, als hier und jetzt. Der Alltag läuft fast
ausschließlich zukunftsorientiert ab. Alles, was wir tun, steht nicht für sich
selbst, sondern weist immer auf ein späteres Ergebnis hin.

Leben wir nicht ständig in Erwartung einer Verbesserung? Haben wir nicht meistens das Gefühl, dass das, was ist oder was wir tun, nicht genügt? Ist nicht alles, was wir tun und das bedeutet für viele Menschen ihr ganzes Leben – nichts anderes, als Mittel zum Zweck für etwas, das nachher kommen soll und von dem wir erwarten, dass es besser ist, als das, was jetzt ist? Vergewaltigen wir nicht ständig die Realität so, wie sie jetzt ist, und leben in den Hoffnungen der Zukunft?

Leiden bedeutet, nicht im transpersonalen Selbst, im Hier und Jetzt zu sein, die unmittelbare Präsenz des eigenen Lebens in seiner ganzen Totalität nicht zu erfahren. Was den meisten Menschen in unserer Kultur fehlt, ist Freude, reine Lebensfreude. In der spirituellen Traditionen Indiens verbindet man den Namen eines Lehrers oft mit dem Wort *Ananda*, was so viel wie Freude bedeutet. Yogananda z.B. besagt, dass das Prinzip des Yoga, d.h. der Wiedervereinigung mit Gott, mit dem Prinzip der Freude und Glückseligkeit, verbunden ist. Mukta z.B. bedeutet befreit, und auch Befreiung geht mit *Ananda* bzw. Freude einher. Deshalb hat das Prinzip der Freude eine ausgleichende Wirkung. Sowohl Yogananda als auch Muktananda waren herausragende spirituelle Lehrer Indiens. Mit dem Eintauchen ins transpersonale Selbst wird bedingungslose Freude, wird *Ananda* aktiviert.
Muße und Stille, typische Charakteristika des transpersonalen Selbst, sind scheinbar unwiederbringlich verloren gegangen. Ihnen zu begegnen ist heute fast unmöglich geworden. Die kulturelle Angst vor der Langeweile lässt nicht zu, dass wir der Muße oder Stille begegnen. Die wenigen Momente, in denen wir ungestört vom kollektiven Zustand der ununterbrochenen Betriebsamkeit Abstand gewinnen, sind dem Schlaf gewidmet. Zwischen Hoffnung auf eine Verbesserung der Lebensqualität in der Zukunft und der Enttäuschung darüber, dass der Augenblick nicht die Erfüllung bringt, die man von ihm erwartet hat, lebt der Mensch der westlichen Welt in verschiedenen Graden des Getriebenseins.

Nehmen wir an, wir würden uns jetzt kollektiv zur Ruhe setzen, um zu einem geeigneten Zeitpunkt wieder in Aktivität zu gelangen. Und nehmen wir ferner an, dass wir in einer Kultur leben würden, die es sich zum Ziel gemacht hat, die Muße mit der Produktivität in Einklang zu bringen. Wie gewillt sind wir, unsere Energien dafür einzusetzen, um eine solche Gesellschaft hervorzubringen? Welche Rolle spielt Bewusstsein bei diesem Ziel? Zurzeit ist die mediale Unterhaltungsindustrie Ersatz für eine Kultur der Erfüllung. Äußere Reize ersetzen das drohende Gefühl der Leere im Inneren. Der Thrill, die ultimative Überflutung mit Adrenalin durch lebensbedrohliche Verfolgungsjagden in Actionfilmen beispielsweise, ersetzt die Auseinandersetzung mit den eigenen existentiellen Fragen des Seins. Die künstlichen Dialoge gestylter Fernsehfiguren machen die eigene Kommunikation mit anderen Menschen obsolet. Wie man als Mensch „unplugged", jenseits der Steckdose und Medien existieren kann, gerät immer mehr ins Vergessen. Die Welt ist in einen Strudel des Materiellen und des Virtuellen geraten und hat sich dort vergessen. Das Gesetz der Polarität bringt uns an diesem Punkt der Entwicklung wieder in Kontakt mit dem transpersonalen Selbst. Dies geschieht über eine tiefe Sehnsucht, die manchmal plötzlich wie ein gewaltiger Strom aus dem Herzen hervorbricht.

Als ich vor 30 Jahren das erste Mal in Indien war, begegnete ich auf einer Veranstaltung in Bombay einem Lehrer der Sikh-Tradition. Er sprach vor einer gewaltigen Menschenmenge. Alle Teilnehmer waren Inder, gesprochen wurde in Hindi. Ich verstand kein Wort, saß einfach mitten unter diesen Menschen und schaute mir interessiert die Szenerie an. Als ich in mein Hotelzimmer zurückkam, brach es aus mir hervor. Ich weinte intensiv drei Tage lang ohne irgendeinen erkennbaren Grund. Etwas in mir war in eine tiefe, energetische Resonanz gegangen. Ich hatte damals nicht den blassesten Schimmer, was passiert war. Etwas, das tiefer war als mein Verstand, war berührt worden. Einige Tage später kam es in einem Interview zu einer kurzen persönlichen Begegnung mit dem Meister der Sikh-Tradition, sein Name war Charan Singh. Er erschütterte mein Wesen in Mark und Bein. Eine tiefe Stille breitete sich anschließend in mir aus. Sie dauerte über ein halbes Jahr an.

3. Innen- und Außenwelt

«Der Schlüssel dazu, sich eines glücklichen und
erfüllten Lebens erfreuen zu können,
ist der Bewusstseinszustand.
Das ist das Wesentliche.»
Dalai Lama

Die Komplexität und der Druck der äußeren Welt nehmen mit jedem Tag zu, als ob wir auf einen Kulminationspunkt zulaufen. Da dies ein schleichender, aber kontinuierlicher Prozess ist, entgeht er weitgehend unserer Aufmerksamkeit. Typisch für diesen Prozess ist, dass lang verdrängte Themen als Konflikt von außen oder als psychische Belastung von innen an die Oberfläche kommen. Wer mit dem wachsenden äußeren Druck besser umgehen will, dem sei empfohlen, sich zunächst intensiver mit der Innenwelt auseinanderzusetzen, statt primär im Chaos der äußeren Realität „herumzuwursteln". Im Coaching mit Führungskräften begegnen mir in den letzten Jahren vermehrt Klienten, die ihrer Innenwelt bislang erfolgreich ausgewichen waren, sich jedoch plötzlich am Rande eines seelischen Abgrundes wiederfanden. Nur wenige schaffen es, den wachsenden Stress dadurch zu bewältigen, indem sie kontinuierlich an ihren inneren Themen arbeiten.

Wenn wir im Inneren gespalten sind, werden wir auch im Äußeren Trennung und Leid für uns und andere erzeugen. Kriege und Konflikte, ob global, lokal oder persönlich, sind nichts anderes als Ausdruck eines Bewusstseinszustandes, der sich als getrennt von der Welt erfährt. Insofern ist es konsequent, die äußere Realität als ein Spiegel der inneren zu betrachten. Wenn wir uns nicht als Einheit erfahren, wenn es uns nicht gelingt, die abgespaltenen Fragmente der Psyche zu heilen, setzen wir die Fragmentierung im Äußeren fort, auch wenn wir vielleicht mit guter Absicht nur „das Beste" für uns oder andere wollen. Es scheint vielleicht weit

10

hergeholt, einen Bezug zwischen der inneren Wirklichkeit der Mitarbeiter und den Geschäftsstrategien des Unternehmens herzustellen. Dennoch gibt es anschauliche Beispiele, in denen die innere Realität einer Führungskraft massive Auswirkungen auf das Leben der Mitarbeiter hat. Wenn der Geschäftsführer eines Unternehmens aufgrund einer Profilneurose das Letzte aus seinen Mitarbeitern herausholen will, um mit den besten Zahlen zu glänzen, so hat dies für die betroffenen Mitarbeiter massive Konsequenzen.

Wenn wir tiefer in die eigentlichen Ursachen unserer Konflikte bzw. gestressten Wirklichkeit eintauchen wollen, bleibt uns der Blick in die Innenwelt nicht erspart. Ansonsten laufen wir Gefahr von den Stürmen des Unterbewusstseins entwurzelt zu werden oder in der Oberflächenstruktur des Alltags zu erstarren. Sobald wir aktiv mit der Dynamik von Innen und Außen zu arbeiten beginnen, erfahren wir, wie wirkungsvoll sich beide beeinflussen, wie die äußere Realität aus der Inneren hervorgeht. Im Spitzensport ist seit Jahrzehnten bekannt, dass die innere Programmierung des Unterbewusstseins einen zentralen Einfluss auf das Ergebnis hat. Ohne die „Kraft des Denkens", die Reprogrammierung seiner inneren Realität, erreicht heute kein Spitzensportler mehr sein Ziel. Doch haben wir es im Sport mit einer vergleichsweise geringen Komplexität zu tun: sich wiederholende Bewegungsabläufe, Konkurrenten, Trainer, und ggf. die Mitspieler. In unserer privaten und beruflichen Alltagsrealität spielen weitaus mehr Faktoren hinein. Deshalb ist es umso wichtiger in allen Lebensbereichen, die Ereignisse nicht mehr den unbewussten Mustern der Innenwelt zu überlassen, sondern unser Bewusstsein und seine schöpferische Gestaltungskraft zu nutzen, um eine Wirklichkeit zu erzeugen, die wir tatsächlich wollen.

4. Warum jetzt?

« Begib dich auf die Reise vom Ich zum Selbst, mein Freund.
Solch eine Reise verwandelt die Welt
in eine Goldgrube.»
Maulana Rumi, persischer Mystiker

«Weil du die Welt bist,
wird dein Handeln die Welt beeinflussen.
Die Herausforderung liegt darin,
die Wichtigkeit der individuellen
Transformation zu erkennen.»
Jiddu Krishnamurti

Kein westlicher Wissenschaftler hat die tibetische Geschichte so durchdrungen wie Robert Thurman, der an der Columbia Universität tibetischen Buddhismus unterrichtet. (Buchtipp: „Revolution von Innen" von Robert Thurman) Was er lehrt, widerlegt das Argument, das die Chinesen Anfang der 50iger Jahre benutzen, um Tibet gewaltsam zu vereinnahmen. Tibet war eben keine Theokratie, in der die Oberschicht der Lamas den Rest der Bevölkerung ausbeutete. Tibet war es vielmehr über Jahrhunderte gelungen, eine Bewusstseinsgesellschaft aufzubauen, die sich zum Ziel gesetzt hatte, jeden Einzelnen seiner Bürger zu erleuchten. Im 12. Jahrhundert wurde diese Entwicklung durch Milarepa initiiert, indem er die alten Strukturen der Warlords und der Aristokratie Stück für Stück auflöste und buddhistische Klöster und Universitäten gründete. Sie hatten in den folgenden Jahrhunderten die Aufgabe, das Bewusstseinspotential jedes Menschen zu fördern, um eine erleuchtete Gesellschaft aufzubauen. Chinesische Reisende des 16. Jahrhunderts z.B. berichten in ihren Reisebeschreibungen, dass die Berghänge in Tibet von erleuchteten Mönchen in der Dunkelheit einen besonderen Glanz ausstrahlten.

Der Weg zu einer befreiten Bewusstseinsgesellschaft führt, das zeigt die tibetische Geschichte auf, über die Transformation jedes Einzelnen, der sich von alten Denkstrukturen und Verhaltensmustern seiner Vergangenheit befreien will. Alle historischen Versuche des Westens, die Gesellschaft zu reformieren und mehr Freiheit, Gleichheit oder Brüderlichkeit zu erzeugen, endeten, wie die französische Revolution oder der Kommunismus, in einem Desaster. Rasch stellten sich die alten Macht- und Denkstrukturen wieder her. Heute leben wir in einer Welt des Geldes, in der einige wenige Superreiche und Mächtige die Lebensbedingungen von Milliarden Menschen steuern. Die wirtschaftliche Logik durchdringt fast jeden unserer Lebensbereiche. Alltag und Lebensziele haben sich weitgehend dem Dogma des Materialismus, geprägt von Produktion, Konsum und Unterhaltung, angepasst. Doch dieser Lebensstil bekommt immer mehr Risse. Die Konsumlogik kann die Versprechungen nach einem erfüllten Leben nicht einhalten. Sie lebt davon, immer neue Bedürfnisse zu propagieren, die uns noch effizienter und zufriedener machen sollten, uns aber in Wirklichkeit abhängiger, getriebener und unzufriedener werden lassen. Immer mehr Menschen wollen sich konsequenterweise aus dem Wettrennen um Geld, Macht und Status zurückziehen und entdecken die innere Dimension ihrer Persönlichkeit als Quelle von Zufriedenheit.

Innere Ruhe und Gelassenheit sind schon seit einigen Jahren bei Google hoch oben auf der Suchliste. Wer nach innen geht, stellt allerdings schnell fest, dass die Welt, der er den Rücken kehren wollte, sich auch im Inneren widerspiegelt. Wer die äußere Realität verändern will, kommt also nicht daran vorbei, zunächst bei sich selbst zu beginnen. Neurologen sind sich einig darüber, dass die meisten inneren Strukturen, die unser Bewusstsein füllen, unbewusst sind. Damit wir also die Programme der Geschichte nicht unbewusst weiterführen, müssen wir zunächst in der Lage sein, diese zu erkennen und ggf. abwählen zu können, um ein selbstbestimmteres, bewussteres Leben führen zu können.

Menschen, die ihr gesamtes Lebens- und Bewusstseins-potential haben ausschöpfen können, waren immer auch die, welche die Meisterwerke der Menschheit geschaffen oder den Lauf der Geschichte beeinflusst haben. Ihr erster Schritt bestand meist darin, sich von den Konventionen des Zeitgeistes zu befreien und das Unmögliche zu denken. Immer mehr Menschen sind heute auf der Suche nach ihrem wahren Selbst. Sie erkennen intuitiv, dass das Ziel, materiellen Reichtum immer weiter auszureizen, in ein oberflächliches, dumpfes Bewusstsein führt. Wir verfügen heute in den westlichen Gesellschaften über mehr als ausreichende materielle Güter, die es uns erlauben würden, den Fokus unseres Daseins neu auszurichten. Die Transformation zur Bewusstseinsgesellschaft geschieht bereits, auch wenn sich in den Medien noch nicht viel davon widerspiegelt. Der nächste Schritt ist der Schritt von der Funktionalisierung in die Sinnhaftigkeit des Seins, die sich offenbart, sobald wir uns auf den Weg nach Innen machen, in die Tiefe des transpersonalen Selbst.

«In einem Zustand der Leichtigkeit
des transparent gewordenen Ichs,
finden wir zu einer neuartigen
Verbundenheit mit der Welt.»
Prof. Robert Thurman

5. Leben in der Simulation

«Wir leben in einer Simulation;
die Pixel haben allerdings eine hohe Auflösungsqualität»

«Der Glaube, dass die eigene Sichtweise der Realität die einzige Realität ist,
ist die gefährlichste aller Illusionen.»
Paul Watzlawick

Als ich Paul Watzlawick Mitte der 70iger Jahre in meiner Ausbildung begegnete, war ich gespannt auf diesen damals schon berühmten Mann, der einer der Väter der systemischen Psychotherapie war. In der Ausbildung, an der ausschließlich Ärzte und Psychologen teilnahmen, versuchte er uns zu erklären, dass psychische Erkrankungen nicht einfach nur auf ein chemisch-neurologisches Ungleichgewicht zurückzuführen seien. Man müsste die Ursachen auch nicht nur in der internen, psychologischen Struktur des Patienten ansiedeln, sondern vielmehr auch das soziale Umfeld und die besondere Form der Interaktion berücksichtigen. Er erläuterte seine systemische Sichtweise wie folgt: „Der systemische Ansatz basiert auf der Situation im Jetzt und Hier. Das heißt auf der Art und Weise, in der die Menschen miteinander kommunizieren und im Kommunizieren dann in Schwierigkeiten kommen können. Wir versuchen also zu verstehen, wie das menschliche Bezugssystem funktioniert. Unsere Frage ist: Wozu? Was ist die Funktion des sogenannten Symptoms? Das geht so weit für mich, dass, wenn ich zum Beispiel Ehe-Therapie betreibe, der Patient nicht mehr der Mann oder die Frau, sondern die Beziehung zwischen diesen beiden Menschen ist. Das ist mein Patient. An der Beziehung will ich arbeiten."

Zu meinem Erstaunen hatten die Psychiater für diese Art der Sichtweise keinerlei Verständnis. Sie sahen nur das, was sie sehen konnten: fehlgesteuerte, chemische Vorgänge im Gehirn, die dann aus ihrer Sicht zum problematischen Verhalten bei den Patienten führten. Mir wurde damals klar, dass eine beschränke Sichtweise wie ein Gefängnis sein konnte, welches neues Wissen nicht mehr aufnehmen und verarbeiten kann. Watzlawick zeigte uns später einen Dokumentarfilm, in dem zwei erfahrene Psychiater versuchten, sich gegenseitig zu therapieren, nachdem man beide vorher unabhängig voneinander instruiert hatte, der andere sei ein Psychopath, der an der Wahnvorstellung leide, Psychiater zu sein. Als Nächstes ließ man beide Psychiater aufeinander los, um sich gegenseitig zu therapieren. Als sie anschließend unabhängig voneinander befragt wurden, was denn die Diagnose sei, kamen beide zu dem Schluss: Der andere sei ein Psychopath, der unter der Wahnvorstellung leide, Psychiater zu sein!

Folgestudien über den Einfluss von Erwartungen auf die Wahrnehmung der Wirklichkeit, wie die von Robert Rosenthal an der Stanford University, machten deutlich, dass das Phänomen der „sich selbst erfüllenden Prophezeiung" in allen Lebensbereichen wirksam ist. In seinem Experiment an einer Grundschule wurde Lehrern suggeriert, dass einige Schüler – die willkürlich ausgesucht worden waren – es zu besonderen Leistungen bringen würden. Da die Lehrer diese Schüler im Folgejahr – unbewusst – positiver behandelten, öfters aufriefen und förderten, erzielten diese Schüler am Ende des Jahres objektiv bessere Leistungen. „Leben ist eine sich selbst-erfüllende Prophezeiung. Was du erwartest, ist das, was du kriegst." *Robert Rosenthal, Stanford University*. Wenn wir begreifen, dass Erwartungen, Haltungen, Überzeugungen, kurzum unsere Beliefs, immer einen Einfluss auf die Wirklichkeit haben, können wir beginnen, die Gestaltungskraft und Potentiale unseres Bewusstseins optimal zu nutzen. Unser Leben wird in dem Moment zu einer positiven „sich selbst erfüllenden Prophezeiung", wenn wir die Position eines Programmierers in einer Simulation einnehmen können. Die unbegrenzte Freiheit der schöpferischen Gestaltung steht uns immer dann offen, wenn wir eine transpersonale Position einnehmen können. Solange wir in der „Persona", in den unbewussten Erwartungen unserer eigenen Software bzw. in den Erwartungen anderer gefangen sind, ist unser Gestaltungs-spielraum sehr begrenzt. Für C.G. Jung war die „Persona" die gesellschaft-liche Maske, der an die Gesellschaft und ihre Erwartungen angepasste Teil des Ichs.

«Hattest du schon einmal einen Traum, Neo, der sich so real anfühlte, dass du nicht mehr wusstest, ob es die Wirklichkeit war oder nicht? Wie würdest du wissen, was tatsächlich real ist?» *Morpheus in „Matrix"*

Die aktuellste Forschung der Physik gelangt immer mehr zu der Auffassung, dass wir in einer Simulation leben und dass unsere Fähigkeit, diese Simulation zu beeinflussen nicht unterschätzt werden sollte. Eine Simulation ist eine holographische Realität, ähnlich einem Computerspiel. Wir beeinflussen diese Simulation durch unsere Gedanken, Vorstellungen, Erwartungen und alleine dadurch, dass wir beobachten. Buddha hätte wahrscheinlich heute eine ähnliche Metapher benutzt, um zum Ausdruck zu bringen, wie wichtig ein Bewusstsein darüber ist, was wir denken. Im Dhammapada sagt er: *„Wir sind das, was wir denken. Alles, was wir sind, entsteht durch unsere Gedanken. Mit unseren Gedanken erschaffen wir die Welt. Wie kann ein verwirrter Verstand den Weg verstehen? Dein schlimmster Feind kann dir nicht so viel anhaben wie deine eigenen unkontrollierten Gedanken. Aber hast du sie einmal unter Kontrolle, so kann dir niemand behilflicher sein. Nicht einmal mehr dein Vater oder deine Mutter."* Das Besondere an unserer Realität ist die materielle Dichte. Gedanken materialisieren sich nicht einfach so, nur weil man sie denkt. Sie manifestieren sich erst, wenn man die Gedanken häufiger und intensiver denkt. Sobald Gedanken, Vorstellungen oder Erwartungen mit Emotionen und Körpergefühlen angereichert werden, verdichten sie sich in der holographischen Wirklichkeit der Simulation zu dem, was wir Realität nennen.

Unsere Wirklichkeit ist nach neusten Erkenntnissen keine objektive Realität, sondern die Manifestation eines versteckten, riesigen Energiemeeres, welches wir mit unseren normalen Sinnen nicht erfahren können. Der Systemtheoretiker Ervin Laszlo bezeichnet dieses Energiemeer als ein holographisches Feld, ein informationsübertragendes Energiefeld, das sich durch das ganze Universum erstreckt. Der Physiker William Tiller nennt es „Feinenergie-Feld", der Biologe Rupert Sheldrake das „morphogenetische", d.h. Form kreierende Feld. Es gibt aktuell viele Hinweise aus verschiedenen wissenschaftlichen Disziplinen, dass dieses kosmische Internet existiert und dass jeder von uns seine eigene „Homepage" in diesem Quantenmeer, wie es die Physiker nennen, hat. Die Wissenschaftsjournalistin Lynne McTaggert widmete diesem Thema eine siebenjährige Forschungsreise zu den führenden Wissenschaftlern und fasste die Ergebnisse in ihrem Bestseller „ Das Nullpunktfeld" zusammen.

Was Physiker heute mit großer Wahrscheinlichkeit sagen können, ist: Das Vakuum ist nicht leer. Es ist ein fluktuierendes Energiemeer mit einer enormen Dichte, die das gesamte Universum ausfüllt. Je mehr wir uns auf der transpersonalen Reise in diese Leere entspannen können, umso deutlicher kommen wir mit der primären Natur der Existenz in Kontakt: dem Energieraum. Buddha nannte dieses Energiemeer, das alles verbindet, schlicht die „Leere, die alles umfasst" und bezeichnete damit die Substanzlosigkeit aller Phänomene. In den indischen Upanischaden ist es „Akasha" die Urquelle, ein mit Energie aufgeladener Raum, aus dem alles entsteht. In der kosmischen Akasha-Chronik ist alles aufgezeichnet, was je geschehen ist und wird. Es ist das unauslöschliche Gedächtnis des sich selbst erschaffenden Universums.

In diesem sich neu abzeichnenden, holographischen Weltbild ist alles mit allem verbunden, Trennung wird als Illusion wahrgenommen. Die Flüchtlinge aus Syrien und anderen Teilen der Welt, die in unsere europäischen Ländern strömen, um dem Wahnsinn von Krieg und fanatischen Ideologien zu entkommen, zeigen uns deutlich diese Verbundenheit. Alle noch auftauchenden wirtschaftlichen oder politischen Krisen werden uns immer deutlicher vor Augen führen, dass wir viel enger miteinander verbunden sind, als es uns heute bewusst ist. In Zeiten massiver Veränderungen hat jeder von uns mit seinen Erwartungen, Haltungen, Einstellungen und Beliefs einen entscheidenden Einfluss auf eine neue Wirklichkeit. Die aktuellen globalen Probleme und Konflikte basieren auf einem alten Weltbild bzw. der Illusion der Trennung.

Kein anderer wie Einstein hat dieses begrenzte Bewusstsein so klar beschrieben: «Der Mensch ist Teil des Ganzen, das wir Universum nennen, ein Teil, der durch Raum und Zeit begrenzt ist. Er erlebt seine Gedanken und Gefühle als etwas vom Übrigen Getrenntes – als eine Art optische Täuschung seines Bewusstseins. Diese Täuschung ist für uns wie ein Gefängnis, denn sie wirft uns auf unsere persönlichen Vorlieben und die Zuneigung zu den wenigen Personen zurück, die uns nahe sind.» Solange wir im personalen Bewusstsein, also in der Illusion der Trennung gefangen sind, sind z.B. die Kinder Syriens weit weg. Sobald wir uns auf die Reise in die transpersonale Verbundenheit begeben, sind es unsere Kinder.

Folgende fünf Gründe machen den Ansatz, die Welt sei eine Simulation, plausibel:

1. Der Big Bang war ein Booting-Prozess der Simulation, in der wir leben. Vorher war nichts, weil der kosmische Computer vorher nicht aufgestartet war. Bisherige physikalische Theorien machen kaum einen Sinn, da sie nicht erklären, was vor dem Big Bang war, bzw. wie aus Nichts ein ganzes Universum entstehen konnte. Der Big Bang war also digital.

2. Jedes computergenerierte Bild schlüsselt sich in Pixel auf, wenn man es genauer untersucht. Das Gleiche gilt für die Nanowelt und Makrowelt. Je tiefer man ins Kleinste oder Größte hineinzoomt, umso deutlicher werden die Pixel, bzw. der leere Raum. In der Quantenwelt existieren dann Dinge nur noch, wenn wir sie beobachten, d.h. heißt schlussendlich nur in unserem Bewusstsein. Inzwischen haben Wissenschaftler nachgewiesen, dass dies nicht nur für Quarks und Atome, sondern auch für größere Teilchen gilt.

3. Materie besteht aus einer endlichen Anzahl von Teilchen (Bits). Das Universum hat eine endliche Anzahl von Komponenten und Zuständen, was bedeutet, dass es berechenbar ist. Die Natur ist eine Matrix von berechenbaren Bits. Jede Simulation hat eine berechenbare Größe von Bits und Zuständen.

4. Der Physiker Sir James Gates von der University of Maryland fand tief in der Struktur des Kosmos versteckt Computer-Codes (Stränge und Bits von 1s und 0s).

5. In einem Computerspiel ist auf der Serverebene alles mit allem verbunden. Es ist ein Hologramm. Räumliche Distanzen sind eine Illusion. Nicht-Lokalität, eins der großen Rätsel der Physik, ist die ursprüngliche Realität. Im Hologramm, bzw. in der Computersimulation, ist alles mit allem verbunden. Der Server ist nicht in unserer physischen Realität, d.h. außerhalb unserer Wahrnehmung. Außer wenn man die Grenzen der „normalen Wahrnehmung" überschreitet.

Das neue Weltbild sagt, wir leben in einer Simulation, die Physiker nennen sie eine Welt von Wahrscheinlichkeits-Verteilungen. Lassen sie uns gemeinsam neue Wahrscheinlichkeiten und daraus Wirklichkeiten erschaffen, indem wir uns das Beste vorstellen, was unsere Vorstellungskraft uns ermöglicht, für alle.

«Atome oder Elementarteilchen
sind nicht real,
sie formen eher eine Welt
der Potentiale und Möglichkeiten,
als eine Welt der Dinge.
Wenn du schaust, erscheinen sie,
wenn du nicht schaust,
existieren sie nicht.»
Werner Heisenberg

6. Der Beobachter-Effekt:

Als Beobachter- bzw. Overvieweffekt wird ein Phänomen beschrieben, das Astronauten erleben, wenn sie zum ersten Mal die Erde aus dem Weltall sehen. Diese Erfahrung verändert ihr Leben nachhaltig. Die Distanz zur Erde erschließt ihnen eine Meta-Perspektive, nicht nur auf den Planeten, sondern auch auf sich selbst. Kein Wunder also, dass US-Astronaut Edgar Mitchell nach seiner Rückkehr vom Mond das IONS (Institute of Noetic Science) gründete, das sich der Erforschung außergewöhnlicher Bewusstseins-zustände widmete. Was er erlebt hatte, nennt man den Overview Effekt. Abstand verändert eben vieles, vor allem die Perspektive. Grenzen lösen sich auf, und was sich einstellt ist laut Mitchell „eine große Klarheit und ein tiefes Verstehen der Verbundenheit allen Lebens".

Wir müssen uns nicht unbedingt in die Umlaufbahn der Erde befördern lassen, um den Overview-Effekt zu erfahren. Transpersonale Techniken erzeugen eine ähnliche Wirkung, bzw. eine Metaperspektive. In den fernöstlichen Traditionen wird diese Fähigkeit eines erweiterten Bewusstseinsspektrums als „Innerer Beobachter" bezeichnet. Der innere Beobachter wird dann aktiviert, wenn wir die Beobachtung nach Innen, in die inneren Prozesse, lenken. In vielen spirituellen Traditionen beginnt man damit sein eigenes Denken zu beobachten. Eine der wichtigsten Erkenntnisse dabei ist, dass man nicht sein Denken ist. Sobald man die Gedanken als etwas Externes wahrnimmt, beginnt die Dimension mentaler Freiheit und Erkenntnisse wie: „Ich bin nicht meine Gedanken. Ich habe grundsätzlich die Wahl meine Gedanken in eine andere Richtung zu steuern. Ich habe immer mehr Abstand von meinen Gedanken und erkenne, dass sie oft nicht von mir bewusst gewählt wurden, bzw. ihre Eigendynamik haben.

Die einfachste Technik den Inneren Beobachter zu aktivieren besteht darin, sich im Wahrnehmenden zu verankern. Die beiden folgenden Übungen können helfen, den inneren Beobachter mehr und mehr im Alltag zu verankern:

21

Übung zum Ursprung der Gedanken:

Wir nehmen nur das Ende eines Gedanken wahr. Wo ist der Anfang? Wo ist der Ursprung? Wo entsteht dieser Gedanke? Nimm bewusst einen Gedanken wahr und nimm auch wahr, wie der Gedanke sich auflöst oder aus dem Nichts entsteht. Versuch den Gedanken in der Zeit zurückzuverfolgen. Wo kam der Gedanke her? Wo war er bevor er entstand? Bleibe in dem Raum in dem der Gedanke entstand. Und wenn ein neuer Gedanke auftaucht, geh einen Schritt zurück, schau wo er herkommt. Sei dieser Raum aus dem sie entstehen! Lass Deinen ganzen Körper sich in diesem Raum entspannen, aus dem die Gedanken kommen.

Sobald wir den Inneren Beobachter in uns aktivieren, haben wir die Wahl, Gewohnheitsmuster und destruktives Verhalten zu erkennen und zu ändern. Durch Beobachtung reduzieren sich Gedanken. Sobald wir Abstand zum eigenen Denken haben, haben Gedanken keine Macht mehr, uns in ihren Bann zu ziehen. Wenn man längere Zeit im Beobachter verweilt, gewinnt man vermehrt Klarheit, weil man einen Schritt zurücktritt, in die „Umlaufbahn" der eigenen Automatismen. Beobachten führt sehr leicht zum Innehalten. Es entsteht dann ganz natürlich und führt dazu, dass man sich seiner Selbst wieder gewahr wird. Ein tiefer Atemzug hilft dabei immer, weil er uns mit dem Körpergefühl verbindet und in die räumliche Wahrnehmung des Körper, weg vom Denken, führt. Deshalb findet man in den meisten Traditionen Asiens vor allem Atemtechniken, um den inneren Beobachter zu kultivieren.

Der Atem verbindet uns mit dem Körper; hilft uns, das, was ist, anzunehmen und das, was wir nicht wollen, beim Ausatmen loszulassen. Die eigene Hektik legt sich, je mehr man z.B. den Atem beobachtet. Die Qualität, die dann entsteht, nennt man natürliche Achtsamkeit. Warum entsteht mehr Klarheit aus Achtsamkeit? Die Energie, die üblicherweise ins automatische Denken fließt, steht nun zur Verfügung, um sich seiner Selbst wieder gewahr zu werden. Dann erst kann man eine erweiterte, objektive Perspektive einzunehmen. Mit Abstand schaut vieles anders aus. Wenn sorgenvolle Gedanken verblassen oder sich allmählich im Selbstgewahrsein auflösen, entsteht die Klarheit des inneren Beobachters. Jetzt nimmt man den Gesang der Amseln am Morgen, die im Frühling wiederkehrenden Sonnenstrahlen oder den Geruch von frischem Brot wieder wahr. Je öfter Sie nach Innen beobachten, sich Ihrer Selbst wieder gewahr werden, umso mehr entdecken Sie die Tiefendimension des Seins, und das Leben spiegelt sich voller Schönheit in Ihrem Bewusstsein.

Für die Entwicklung des transpersonalen Selbst ist es unerlässlich den inneren Beobachter zu trainieren. Das daraus entstehende Selbstgewahrsein, die Sufis nennen es „Selbst-Erinnern", erzeugt eine Zentrierung, einen inneren Schwerpunkt. Alle Sinne ziehen uns normalerweise nach Außen, in die Verstrickung, ins Drama des Lebens. Der innere Beobachter dagegen führt uns systematisch nach Innen und erzeugt Abstand zum Ich. Sobald wir die Sinnen nach Innen richten, und zwar nicht auf das Denken, sondern auf den Wahrnehmenden, statt auf die Objekte unserer Wahrnehmung, kann das transpersonale Selbst wachsen. Bodhidarma, dem Gründer der Zen-Tradition, wird der Ausspruch zugeschrieben: „Hinter dem Beobachter ist ein weites Feld." Je mehr man sich im inneren Beobachter verankert, umso einfacher kann sich diese innere Weite und tiefe Gelassenheit auf natürlich Weise entfalten.

« Der Innere Beobachter lässt sich,
wenn er lange kultiviert wurde,
von nichts mehr aus der Ruhe bringen.
Dann sitzt er in tiefer Stille und
amüsiert sich über dein persönliches Drama.»

7. Der unbewusste Wille

«Eine Kaskade von unbewussten Prozessen fängt an, eine Entscheidung vorzubereiten, lange bevor diese ins Bewusstsein dringt, sagt Haynes. Unsere Gedankentätigkeit sei mit einem Eisberg vergleichbar. Was uns bewusst wird, ist nur dessen Spitze. Neunzig Prozent liegen unter Wasser – das sind die unbewussten Prozesse in unserem Gehirn.»

U. Schnabel – Die Zeit

Die Forschungen von Haynes und anderen zeigen deutlich, dass das Gehirn vorausplant und uns erst danach der Gedanke bzw. die Entscheidung des Gehirns bewusst wird. Das passiert nicht nur Millisekunden vorher, wie ein anderer Neurologe, Benjamin Libet, viele Jahre zuvor aufzeigte, sondern bereits 7–10 Sekunden vorher. Mit anderen Worten, konditioniertes Bewusstsein lässt uns die Wirklichkeit nicht so erleben wie sie wirklich ist, sondern wir erleben sie immer durch einen Vorfilter des Gehirns. Interessanterweise verschleiert das Gehirn scheinbar, dass es vordenkt, und suggeriert stattdessen, dass wir Urheber des Gedankens sind. Dadurch erleben wir Gedanken als von uns selbst erzeugte Inhalte und identifizieren uns mit ihnen. Je ausgeprägter diese Identifikation mit den Gedanken, umso fremdbestimmter ist unser Handeln, und umso unbewusster sind wir Spielball alter Konditionierungen.

Mit dem Praktizieren mentaler Techniken wird die Aufmerksamkeit vom Denkprozess weggeleitet zum Atem, zum Körpergefühl und zu Bildern und dadurch wird eine Distanz zum Denken hergestellt. Diese Distanz ermöglicht einerseits, die Inhalte der vom Gehirn automatisch produzierten Gedanken einer genaueren Prüfung zu unterziehen und z.B. die Muster darin zu erkennen, die zugrundeliegenden Beliefs, Haltungen, Einstellungen, Glaubenssätze, und somit den persönlichen Entscheidungsspielraum zu vergrößern. Gedanken können nun nicht mehr einfach zu Entscheidungen oder Handlungen führen. Ich kann innehalten, den Gedanken als Produkt des Gehirns erkennen und habe damit die Möglichkeit, aus einer tieferen Schicht des Erkennens zu schöpfen. Diese tiefere Ebene des Erkennens nennen wir Intuition, Inspiration, Kontemplation oder schlicht Weisheit.

Der unbewusste Wille ist also ein Automatismus des Gehirns. Freier oder bewusster Wille beginnt dort, wo wir diesen Mechanismus erkennen und Kontrolle darüber haben, ob wir diesem – nunmehr bewussten – Impuls des Gehirns nachgehen wollen oder nicht. Die Neurologen bezeichnen diese Fähigkeit als „hemmen" und lokalisieren es im präfrontalen Cortex. Scheinbar ist diese Hemmfunktion schnell erschöpft und muss immer wieder erneut aufgeladen werden. Für die tägliche Praxis bedeutet dies, dass wir uns nach jeder Stunde eine gewisse Pause leisten sollten, um den präfrontalen Cortex, bzw. die Hemmfunktion wie einen Akku wieder aufzuladen.

Die wirkungsvollste Technik zur Wiederaufladung des präfrontalen Cortex, die ich kenne, besteht darin, die Augen für eine gewisse Zeit zu schließen und sich völlig entspannt auf das „Dritte Auge" zu konzentrieren. Dabei bringt man ganz leicht und entspannt sein Bewusstsein in diesen Bereich oberhalb der Augenbrauen, zur Mitte der Stirn. Hilfreich ist die Vorstellung, dass die Energie, die üblicherweise in die physischen Augen fließt, nun auf ganz natürliche Weise ins Dritte Auge fließen kann. Man sammelt die Energie hier und entspannt gleichzeitig die Stirn dabei. Wenn Sie die Augen nach einer Weile wieder öffnen, bleiben Sie im Bereich der Stirn entspannt in der offenen, peripheren Wahrnehmung des ganzen Raumes. Wenn Sie sich während des Tages immer öfter daran erinnern die Stirn zu entspannen, wird das Bewusstsein über die unbewussten, mentalen Prozesse immer mehr wachsen. Die kontinuierliche Entspannung der Stirn und Aktivierung des Dritten Auges führt dann zu einer intuitiven Intelligenz, die für Entwicklung des transpersonalen Selbst und des Cloud-Bewusstseins unerlässlich ist.

8. In die Tiefe des transpersonalen Selbst

«Das größte Geheimnis wohnt
in der Innenwelt unseres Bewusstseins.»
John O`Donohue

An der Oberfläche des Lebens ist Kampf, Unruhe und Stress. Wer nur hier lebt, macht sich krank. Vor allem aber erlebt er nicht das ganze Leben, sondern nur die Peripherie. Unter der Oberfläche ist die innere Dimension. Tief im Inneren unseres Selbst gibt es einen Mittelpunkt, eine Quelle, ein entspanntes Strömen, einen Fluss, der sich ganz von alleine fortbewegt. Die Oberfläche ist wie ein aufgewühltes Meer, immer unruhig und sich stetig verändernd, das ist ihre Natur. Daran ist nichts falsch. Wem es gleichzeitig gelingt, in der Tiefe des Selbst verwurzelt zu sein, der kann die Vielfalt und permanente Veränderung der äußeren Wirklichkeit besser genießen, wie ein Schauspiel.

Buddha benutzte dafür die Metapher eines Baumes, der mit seinen Wurzeln tief in der Erde verankert ist. Die Stürme des Lebens werden seine Krone heftig hin und herreißen. In seinen tiefen Wurzeln hat er seinen Halt. Wer innerlich Stille gefunden hat, sieht Schönheit und Perfektion des Lebens auch in der Unruhe und im Scheitern. Wer den inneren Kern, den stillen Mittelpunkt, nicht kennt, wer sich nur mit der Oberfläche identifiziert, wird in den heutigen Zeiten verrückt. Und das Tempo nimmt nicht ab, im Gegenteil.

Alle spirituellen und transpersonalen Techniken zielen im Grunde darauf ab, mit diesem Mittelpunkt in Kontakt zu kommen, nach Innen zu gehen, die Außenwelt für eine Zeitlang zu vergessen. Hier können wir Kraft schöpfen, alles Äußere hinter uns lassen, uns ins Sein entspannen. Das Denken kommt zur Ruhe und der Mensch wieder in Kontakt mit dem, was man in unserer Kultur Seele nennt. Viele klammern sich immer noch an diese Oberfläche, weil sie nicht wissen, wie leicht es eigentlich ist, sich in das Selbst fallen zu lassen.

Mit der Seele wieder in Kontakt zu kommen, die eigene Mitte zu finden, bedeutet, sich wieder mit Erlebnistiefe, Intensität, Weisheit, Verletzlichkeit oder Mitgefühl zu verbinden. Ohne diese Qualitäten verflacht das Leben. Wir werden austauschbar und behandeln uns und andere wie Waren. In einer durchkommerzialisierten Gesellschaft verkümmert die Seele, verhalten sich Menschen wie Automaten. Depressionen sind Ausdruck einer epidemischen Seelenlosigkeit. Wer sich seine Tiefenstruktur nicht erschließt und in der Oberflächenstruktur verharrt, den reißt die Seele manchmal gewaltsam in die Tiefe. Wer das innere Zentrum von sich aus erforscht, dem eröffnet sie eine Welt der Ruhe, Gelassenheit und tiefen Entspannung. Hier finden wir die regenerative Kraft, die Quellenenergie, die uns erfrischt und verjüngt.

Wenn man nicht weiß, wie man sich entspannen kann, wird einen alles aus der Ruhe bringen. Wer gelernt hat, sich tief zu entspannen und die eigene Mitte auch in den Alltag zu integrieren, den kann nichts mehr so leicht aus der Ruhe bringen. Wirkliche Freiheit besteht darin, dass das innere Erleben immer freier wird von der Rastlosigkeit und Verrücktheit der Welt da draußen. Man ist dann nicht mehr bereit, sich durch irgendeinen Blödsinn aus der Mitte bringen zu lassen. Wer gestresst ist oder sich leicht durcheinander bringen lässt, zeigt damit nur, dass er im Bereich der Oberflächenstruktur lebt.

Der Weg nach Innen ist nicht weit, jedenfalls grundsätzlich nicht weiter, als der Weg nach Außen, in die Welt der Objekte. Wenn wir die Anatomie unseres Wahrnehmens genauer betrachten, erkennen wir, dass die Sinne uns nach Außen, in die Welt der Objekte bringen. Augen brauchen Objekte, um etwas zu betrachten, ansonsten sind sie nutzlos. Unsere Ohren sind fokussiert auf Geräusche von Außen. Hände wollen etwas anfassen, der Geschmackssinn verlangt nach unterschiedlichsten Gewürzen und Nahrung. Unsere Sinne sind zwar im Körper, aber sie sind genau an der Grenze zwischen Innen und Außen. Unser Bewusstsein ist tief im Inneren, da wo auch unsere Mitte zu finden ist. Folgende Aspekte gilt es zu verstehen, bevor man beginnt, sich mit Techniken zu beschäftigen, die uns in die Tiefendimension unseres Seins führen:

Die Sinne liegen der Mitte, die Welt der Objekte auf der einen Seite und das Bewusstsein auf der anderen Seite. Die Sinne können in beide Richtungen gehen, nach Außen und nach Innen. Natürlich richtet sich die Aufmerksamkeit automatisch nach Außen, schon um unser Überleben zu sichern, weil da draußen ist Nahrung, Liebe, Zuwendung und andere Stimuli, die wir fürs Überleben brauchen. Auch Tiere sind so konditioniert. Was uns von ihnen unterscheidet, ist Introspektion, die Fähigkeit, die Sinne nach Innen zu richten. Sobald wir dies tun, erschließt sich die Tiefenstruktur unseres transpersonalen Selbst.

9. Hinter der Anpassungs-Maske

Mit der Auflösung alter Denkmuster kommt man in Kontakt mit der natürlichen Intelligenz des Selbst, dem Kern der Persönlichkeit hinter der Maske. Man entdeckt ein anderes Informationssystem, welches das Gefühl des Getrenntseins von der Welt überwindet. Nach und nach lösen sich die alten Konditionierung der Trennung auf, zugunsten einer tieferen Verbundenheit mit der Natur, mit anderen Menschen und sich selbst. Das daraus entstehende Handeln erlaubt eine bessere Synchronisierung mit der Außenwelt. Die erlernte Trennung zwischen Innen und Außen wird zunehmend als Illusion wahrgenommen. Wenn wir die aktuellen Krisen genauer analysieren, dann finden wir, dass sie im Ursprung auf die Trennung von der Natur (ökologische Krise), die Trennung von anderen Menschen (soziale Krise) und die Trennung vom Selbst (Sinnkrise-Burnout/Depression) zurückgeführt werden können. Im Kern dieser Krisen steht jedoch die Beziehung zu sich Selbst. Solange wir uns mit Reparaturverhalten an der Oberflächenstruktur des Seins beschäftigen, ohne die tieferen Muster und Denkgewohnheiten zu hinterfragen, werden keine grundlegenden Veränderungen im Verhältnis zur Natur, unseren Mitmenschen oder uns Selbst zu erwarten sein.

Wenn wir am Kern der Persönlichkeit, dem Bewusstsein, ansetzen, an der Art unserer Wahrnehmung und unseres Selbstverständnisses, gewinnen wir eine neue, erweiterte Sicht der Dinge. Gemäß den Erkenntnissen der Quantenphysik entspricht das daraus entstehende Gefühl der grundlegenden Verbundenheit mit allem viel eher den Gesetzen der Natur und des Universums, als das alte Newtonsche Weltbild des Getrenntseins. Niemand hat dies treffender und poetischer ausgedrückt als Albert Einstein: „Ein Mensch ist ein Teil des Ganzen, das wir Universum nennen, ein Teil, der durch Raum und Zeit begrenzt ist. Er erfährt sich selbst, seine Gedanken und Gefühle in einer Art optischen Illusion, als ob er vom Rest getrennt wäre. Diese Illusion ist unser Gefängnis und beschränkt unser Menschsein auf unsere persönlichen Begierden; sie verdammt uns dazu, unsere Zuneigung nur denen zu schenken, die uns am nächsten stehen. Es muss unsere Aufgabe sein, uns aus diesem Gefängnis zu befreien, indem wir den Kreis unseres Mitgefühls ausdehnen bis er alle Lebewesen und die ganze Natur umfasst."

Machen Sie sich bewusst, dass Ihre momentane Wahrnehmung der Welt auf der Illusion der Trennung beruht. Auch wenn nichts überzeugender ist, als die eigenen Glaubenssätze, sind Sie grundsätzlich frei, Ihren Geist, Ihre Haltungen und Einstellungen einer kritischen Analyse zu unterziehen. Der Kern unseres Wesens eröffnet uns das Potential, die grundlegende Verbundenheit allen Seins direkt zu erfahren.

10. Maslows Transcender, der transpersonale Mensch

Etwas in uns treibt, meistens. Beim einen sind es unbefriedigte Wünsche, beim anderen ein ausgeprägtes Geltungsbedürfnis, beim nächsten einfach eine körperliche Rastlosigkeit. Man möchte zur Ruhe kommen, alles schön und gut, aber wer hält den inneren Druck aus? Etwas treibt uns zu immer neuen Handlungen. Einerseits die Hoffnung, dass es besser wird, andererseits die Angst, dass es schlechter werden könnte. Wenn es nicht der Verstand ist, der uns antreibt, ist es das Gefühl; und wenn es nicht das Gefühl ist, dann die innere Spannung oder der Hunger, obwohl man gerade gegessen hat. Es ist nicht so einfach, kreative, evolutionäre Handlungsimpulse zu unterscheiden vom unbewussten, impulsiven Drängen alter Muster, die uns womöglich ein Leben lang an der Nase herumführen. Abraham Maslow, Gründer der transpersonalen Psychologie, verschafft uns Klarheit, wo die Reise hingehen kann, wenn man in der Gegenwart ankommt.

Kein anderer wie A. Maslow hat sich so früh in der Geschichte der Psychologie mit der Frage nach dem nächsten Entwicklungsschritt in unserer menschlichen Evolution beschäftigt. In seinen späten Schriften nannte er den sich abzeichnenden, reiferen Menschen: „Transcender". Er bezeichnet ihn als ein kreatives Wesen, welches die gesellschaftlichen Konditionierungen und Stereotypen hinter sich gelassen hat.

- Transcender gehen vollkommen in der Gegenwart auf. Sie sind zeitlos, selbstlos und nicht mehr den gesellschaftlichen und historischen Denkstrukturen unterworfen.
- Transcender erleben eine Einheit mit weitgehend allem, was sich in jedem Augenblick als Wirklichkeit manifestiert, auch dort, wo vorher hauptsächlich ein Gefühl der Trennung vorherrschte.
- Das Einheitsgefühl des Transcenders wird begleitet von einer zunehmenden Realisierung und Führung durch das Höhere Selbst und einer reifen Akzeptanz der eigenen Menschlichkeit. Die Vergangenheit wird aufgegeben. Was immer geschieht, wird wie ein Gemälde betrachtet, das man das erste Mal sieht. Die Lösung für jedwedes

Problem erschließt sich durch intensive, von Präsenz geprägte Wahrnehmung. Im Gegensatz dazu, wird das kategorisierende, durch die Brille alter Erfahrungen und Gewohnheiten konditionierte Betrachten der Wirklichkeit, als abstumpfender Mechanismus durchschaut.

- Die Zukunft wird aufgegeben. Oft betrachten und benutzen wir die Gegenwart nur als Mittel zum Zweck für die Zukunft. Meistens hören wir einer anderen Person nicht wirklich zu und bereiten, während sie noch spricht, bereits innerlich unsere Antwort vor. Transcender hören mit voller Präsenz zu. Dadurch vertiefen sich ihre Beziehungen.

- Transcender sind unschuldig. In ihrer Wahrnehmung und im Verhalten sind sie unschuldig und spontan. Ein Ereignis fühlt sich für sie an, als wären sie nackt, arglos, ohne Erwartungen, ohne ein Müssen oder Sollen; ohne formal richtig oder falsch; offen für alles, was passiert; ohne Stress, Empörung oder Leugnung.

- Transcender sind freier als der Durchschnittsmensch von Erwartungen, Verpflichtungen, Ängsten und Hoffnungen, vor allem was ihre Beziehungen zu anderen Menschen angeht. Sie erlauben sich mehr, sie selber zu sein, bzw. ihr wahres, authentisches Selbst zu zeigen. Sie haben einen Großteil ihrer neurotischen Beziehungsmuster aus der Kindheit transzendiert. Sie brauchen keine Masken und müssen andere nicht beeindrucken oder manipulieren.

- Transcender sind selbstvergessen. Sie haben aufgehört sich zu kritisieren oder ständig zu beurteilen. Sie verweilen hauptsächlich im Sein. Paradoxerweise findet man sein wahres Selbst erst dann, wenn man sein Selbst vergisst. Erst dann kann sich das Höhere Selbst in jedem Augenblick spontan manifestieren.

- Ängste sind weitgehend verschwunden. Ängste betreffen immer die Zukunft. Durch eine tiefe Verankerung in der Präsenz lösen sich defensives und gehemmtes Verhalten weitgehend auf, zugunsten eines tiefen Vertrauens in die Existenz und die eigene schöpferische Kraft. Mut und Stärke treten an die Stelle von Ängsten und Sorgen.

- Transcender haben eine positive Grundhaltung und tiefe Akzeptanz. Durch Kultivierung der Präsenz im Augenblick und Selbstvergessenheit verschwinden negative Verhaltensweisen wie Kritiksucht, Zweifel, Skepsis, Zynismus, Sarkasmus, Zurückweisung von Unbekanntem oder voreilige Ablehnung. Sie erlauben Menschen und Dingen ihren eigenen Weg zu gehen.

- Transcender haben ein tiefes Vertrauen in das Leben. Kontrolle, Anstrengung, Wille, Konkurrenz oder Streben weichen zugunsten eines Vertrauens in die Fähigkeit zur kreativen Improvisation in der Begegnung mit dem Unbekannten. Wir alle wissen, dass bei so natürlichen Vorgängen wie dem Gebären, beim Einschlafen oder in der Sexualität Streben und Kontrolle aufgegeben werden müssen, zugunsten eines entspannten, vertrauensvollen Loslassens.

Der einfachste Zugang in das Bewusstsein eines Transcenders ist Selbst-Gewahrsein. Diese alte Technik der Sufis (Mystiker des Islam) besteht darin, sich des Gefühls der eigenen Existenz, des Seins, einfach nur gewahr zu sein. Wie fühlt es sich an, derjenige zu sein, der jetzt diesen Text liest?

11. Die Transpersonale Psychologie

«Persönliches Wachstum bedeutet eine Ausdehnung und Erweiterung des eigenen Blickfelds, ein Weiterwerden der eigenen Grenzen – nach Außen in Bezug auf die Perspektive, nach Innen in Bezug auf die Tiefe.»
Ken Wilber

Während sich die traditionelle Psychologie mit den Defiziten der menschlichen Psyche auseinandersetzt, und dabei „Normalität" als Messlatte setzt, geht die transpersonale Psychologie einen anderen Weg. Sie untersucht vor allem außergewöhnliche Bewusstseinszustände, wie z.B. ekstatische, außerkörperliche Erfahrungen oder Erlebnisse von überwältigender Schönheit oder tiefer Transformation. Kein Wunder also, dass die transpersonale Psychologie bei den traditionellen Psychologen oder Coachs kaum Beachtung findet. Sie sehen ihre Aufgabe hauptsächlich darin, jemanden, der Defizite hat, bei der Reparatur seiner Psyche zu unterstützen, damit die Person sich wieder reibungslos in die Gesellschaft eingliedern kann. Eine kleine Ausnahme sind die Potential-Coachs aus der humanistischen Tradition nach Maslow, die nach versteckten Potentialen suchen und einer Person helfen, sich diese bewusst zu machen und diese Potentiale freizulegen. Transpersonale Berater oder Coachs findet man heute kaum, obwohl aus meiner Erfahrung dieser Bereich viele Wachstumsmöglichkeiten bietet. Warum ist das so? Nun – jeder, der sich in den Bereich transpersonaler Techniken begibt, findet sich schnell im Dschungel völlig unterschiedlicher Anbieter wieder. Das Spektrum reicht vom holotropen Atmen nach S. Grof zum Mentaltrainer, über den Yoga- und Meditationslehrer zum tibetischen Lama bis zum indischen Swami oder Zen Mönch mit christlichen Wurzeln. Für den Laien oder Suchenden ist das Wirrwarr an Angeboten im transpersonalen, sprich spirituellen Bereich fast undurchdringlich. Letztlich hauen viele diesen ganzen „Esokram" in die Tonne und entscheiden sich dann leider voreilig, diesen Bereich zu ignorieren.

Hinzu kommt, dass jeder Lehrer von sich behauptet, die allein seligmachende Methode gefunden zu haben, wenn man nur lange genug an sie glaubt und fleißig praktiziert. Einer der wenigen Autoren, die versuchten, Klarheit und Struktur in diesen unorganisierten Haufen von transpersonalen Techniken und spirituellen Traditionen zu bringen, ist Ken Wilber. In seinen zahlreichen Publikationen analysierte er die Techniken aus verschiedensten Traditionen (klassische Psychotherapie, Buddhismus, Yoga, Zen, Sufismus, christliche Mystik etc.), verglich die kulturspezifischen Terminologien miteinander und versuchte eine ideologiefreie Landkarte zu erstellen. Das Interessante an seiner Landkarte sind die verschiedenen Phasen des menschlichen Reifeprozesses, die wir als Menschen potentiell durchlaufen können, aber nicht unbedingt müssen. Wilber unterteilt zunächst einmal grob drei Phasen des Wachstums:

In der präpersonalen Stufe geht es hauptsächlich darum, sich den gesellschaftlichen und familiären Strukturen, in denen man sich wiederfindet, anzupassen. Wie werde ich ein braves, nettes, gut sozialisiertes Mitglied der Gesellschaft? Ganz einfach. Man richtet sich immer nach den Erwartungen anderer und verdrängt – so gut es eben geht – eigene Bedürfnisse, Ziele und Sehnsüchte. Vorteil: Man fühlt sich vollständig integriert und als Teil der Gesellschaft. Preis dafür: Selbstverleugnung und ab und zu massive Zweifel über den Sinn der eigenen Existenz. Meist durch Lebenskrisen wie Auseinandersetzung mit dem Tod, Scheidung, Krankheiten oder Jobverlust gelangt man dann in die nächste Runde: die personale Stufe.

Die personale Stufe ist zunächst mal geprägt vom Ausstieg bzw. vom Widerstand gegen Konventionen, von denen man zuvor beherrscht wurde. Selbstbestimmung ist nun das zentrale Thema. Was sind meine Wünschen, Ziele und Visionen im Leben? Was will ich wirklich, unabhängig von den Erfahrungen anderer? Im Vordergrund steht die eigene Lebensaufgabe, sich selbst zu verwirklichen, im Beruf, in der Freizeit oder in der Beziehung. Vorteil: Wilber beschreibt diese Phase metaphorisch als den Umzug von einer 1½ Zimmer Wohnung in eine 3½ Zimmer Wohnung. Traditionelle Coachs helfen hier gerne beim Umzug. Die Psyche hat dann mehr Platz. Ich erlaube mir mehr, so zu sein, wie ich bin und wie ich mich fühle. Nachteil: Die Scheidungsrate steigt rasant und das Alleinsein nimmt exponentiell zu. Das Alleinsein mit oder ohne Partner führt dann in die nächste, die transpersonale Stufe.

Die transpersonale Stufe ist geprägt von einer Annäherung an eine Praxis, die es erlaubt, die eigene Psyche von Außen zu betrachten und damit frei von sich selbst zu werden. Man entwickelt die Fähigkeit, seine Gedanken, Gefühle, Erwartungen, Wünsche und Ängste mit einer gewissen Distanz anzuschauen und frei zu werden von jeglichen Selbstdefinitionen. Ziel ist hier nicht mehr, anzuhäufen und immer mehr zu werden, sondern im Gegenteil völlig offen für das Leben und gleichzeitig frei von allen Konditionierungen zu sein. Das, was dann immer stärker in den Vordergrund tritt, ist das Hier und Jetzt. Lebensfreude wird zunehmend weniger abhängig vom Lauf der Ereignisse und wird zum Grundgefühl des Daseins. Vorteil: Mehr Lebensbejahung und Erlebnistiefe sowie größere Gelassenheit. Nachteil: Man wird möglichweise von anderen als gleichgültig oder nicht berechenbar wahrgenommen.

Transpersonales Coaching ermöglicht, alte Denkgewohnheiten außer Kraft zu setzen. Man erkennt diese als Konstruktionen des eigenen Geistes an, die sich im Laufe eines Lebens durch verschiedene Einflüsse gebildet und dann verselbständigt haben. Um die relative Gültigkeit dieser Denkgewohnheiten zu erkennen, brauche ich eine Position außerhalb meines Denkens. Diese Position kann man als „transpersonal" bezeichnen. Sie setzt voraus, dass ich mich von Außen betrachte. Diese Außenbetrachtung der eigenen Persönlichkeit führt mich automatisch zu einer kritischen Überprüfung der inneren Impulse. Dabei entdeckt man, dass viele der Gedanken, emotionalen Reaktionen oder Haltungen nicht wirklich von einem selbst gewählt, sondern übernommen wurden. Es ist zwar nicht sehr schmeichelhaft zu erkennen, wie stark wir in unseren Reaktionen von gesellschaftlichen Stereotypen geprägt sind, aber es ist der erste Schritt zur Freiheit. Erst wenn ich wählen kann, ob ich einem Gedanken, Handlungsimpuls oder einer emotionalen Reaktion folgen will oder nicht, betrete ich das Territorium der Freiheit.

Nur jemand, der seine Denkgewohnheiten und Haltungen relativieren kann, besitzt die Fähigkeit zum Dialog. Er kann temporär von seinen Meinungen Abstand nehmen und in die Welt des anderen eintauchen. Da eines unserer tiefsten Bedürfnisse darin besteht, gehört und verstanden zu werden, hat der transpersonale Ansatz die besten Voraussetzungen, diesem Bedürfnis entgegenzukommen. Das ist nicht nur zentral im Coaching-Kontext, sondern vor allem auch in der Führung von Mitarbeitern oder wenn es darum geht zu verstehen, was sich in Jugendlichen abspielt. Viele Eltern kommen aus der „Vater- oder Mutternummer" nicht mehr raus und verlieren den Kontakt zu den Jugendlichen, weil ihnen jeglicher Abstand zu eigenen Denkmustern und Verhaltensweisen völlig abhandenkommt. Als Folge davon führen Jugendliche oder auch Mitarbeiter ein Doppelleben. Sie spielen eine Wirklichkeit vor, die zwar den Erwartungen der Eltern oder des Vorgesetzten entspricht, aber nicht die tatsächliche Wirklichkeit abbildet.

12. Persönlichkeits-Intelligenz

> «Die Selbsterkenntnis gibt dem Menschen das meiste Gute,
> die Selbsttäuschung das meiste Übel.»
> Sokrates

Menschen realistisch einschätzen zu können ist eine Fähigkeit, die äußerst hilfreich ist. Sie ermöglicht uns, von anderen zu lernen, wenn wir erkennen, dass sie Fähigkeiten besitzen, die uns abgehen, aber sie unterstützt uns auch dabei, Fehlentscheidungen zu vermeiden, indem wir uns z.B. nicht auf Menschen einlassen, die unzuverlässig sind oder uns schaden. Frühzeitig eine narzisstische Persönlichkeitsstruktur beim anderen erkennen zu können, der uns lediglich ausnutzen will, um eigene Ziele zu verfolgen und nichts zurückgibt, kann viel Lebensenergie und Zeit sparen. Viel öfter als man denkt landet der „Beziehungsabhängige", oft davon überzeugt nicht liebenswert zu sein, bei einem „Narzissten" mit übersteigertem Prestige- und Bewunderungsbedürfnis. Das ergibt zwar eine komplementäre, aber meist auch hochneurotische Beziehung.

Die Psychologie hat einen neuen Begriff für die Fähigkeit geprägt, Menschen objektiv einschätzen zu können: „Persönlichkeits-Intelligenz". Sie beinhaltet viele Aspekte der Persönlichkeit wie Motive, Gefühle, Überzeugungen, Bindungsmuster, Handlungsbereitschaft, Selbstbewusstsein oder Selbstkontrolle. Das Interessante an dieser Intelligenz ist, dass sie primär einhergeht mit der Fähigkeit, sich selbst richtig einzuschätzen zu können. Wer also die Persönlichkeit anderer Menschen „lesen" will, sollte über ein tieferes Verständnis seiner eigenen psychologischen Struktur und ihrer vielfältigen Dimensionen verfügen.

Jeder von uns ist eben nicht nur Menschenbeobachter, sondern auch gleichzeitig Persönlichkeitsforscher. Wir können aber lediglich das in anderen erkennen, dessen wir uns in unserer eigenen psychologischen Struktur auch bewusst sind. Wer bei sich selbst erfahren hat, dass seine expansive, auf Macht und Anerkennung zielende Haltung oft nicht anderes ist, als eine Vermeidungsstrategie, um unverarbeitete Aspekte von Selbstablehnung und Selbsthass zu kompensieren, der kann dies auch deutlich bei anderen erkennen. Er ist in der Lage, zwischen echter, vitaler Dynamik und überzogenen, selbstzerstörerischen Ansprüchen zu unterscheiden. Wer dagegen nicht fähig ist, sich selbst richtig einschätzen zu können, fordert auch von seinem Umfeld immer wieder Bestätigungen ein, die seinem übertriebenen, idealisierten Selbstbild entsprechen, bzw. ist verärgert, wenn diese Bestätigungen ausbleiben.

Um uns objektiv einschätzen zu können, brauchen wir Introspektion, d.h. Selbstbeobachtung. Sie führt uns zu einer geschärften Selbstwahrnehmung und schlussendlich zur Selbsterkenntnis. In der transpersonalen Psychologie beschreibt der Bewusstseinsforscher Ken Wilber diesen Schritt wie den Umzug von einer 1½ Zimmer Wohnung in ein geräumiges Haus. Die Perspektive wird geweitet und ermöglicht dann, innere Räume aus einer größeren Distanz zu beobachten. Schon Sigmund Freud nutzte Selbstbeobachtung für die Entwicklung seiner Theorie über den Ödipuskomplex. In einem Brief an seinen Freund Fliess schrieb er: „Ich habe die Verliebtheit in die Mutter und die Eifersucht gegen den Vater auch bei mir gefunden und halte sie jetzt für ein allgemeines Ereignis früher Kindheit."

„Erkenne dich selbst" war die Inschrift über dem Apollotempel von Delphi, verbunden mit der Aufforderung, sich mit dem Wichtigsten zu beschäftigen, was Menschen lernen sollten: Bewusstsein über die eigene Persönlichkeit. Für Platon steht bei der Selbsterkenntnis nicht allein das Wissen um das eigene Nichtwissen im Vordergrund, sondern vor allem, dass der Mensch sich als das erkennen soll, was er ist, nämlich „eine den Körper bewohnende unsterbliche und gottähnliche Seele." Gemäß C.G. Jung, dem großen Schweizer Psychoanalytiker, findet Heilung erst dann statt, wenn ein Mensch wieder den Kontakt zu seiner Seele findet. In ihr finden wir zu unserer Essenz und zurück zur Selbstbestimmung unseres Lebens. Während die klassische Psychologie sich hauptsächlich damit beschäftigt, Menschen als

Leistungsmaschine wieder „funktionsfähig" zu machen, konzentriert sich die transpersonale Psychologie darauf, Menschen in ihrer Suche nach Seelentiefe, Ganzheit und Erfüllung zu unterstützen. Meditations- und Achtsamkeitstechniken sind vor allem hilfreich, um den Selbsterkenntnisprozess zu vertiefen. Denn erst aus einer dem Denken übergeordneten Perspektive sind wir in der Lage, die tieferen Denkgewohn-heiten und Persönlichkeitsmuster zu erfassen.

«Was hinter uns liegt und was vor uns liegt, sind Kleinigkeiten,
verglichen mit dem, was in uns liegt.»
Emerson

13. Drei Bewusstseinsstufen

Die Reise ins transpersonale Selbst erfolgt in der Regel über drei Bewusstseinsstufen.

1. Auf der ersten Stufe erkennt man, dass das „Ich" eine Geschichte ist, die der Verstand einem erzählt. Man erkennt, dass man die Welt nicht so sieht, wie sie ist, sondern durch die mentalen Filter seiner Konzepte, Ideen und Vorstellungen wahrnimmt. Es ist ähnlich, wie wenn man aus einem Traum erwacht und realisiert, dass die Wirklichkeit, die man bisher als absolut wahrgenommen hat, nur relativ wahr ist. Die Metapher des Traumes ist insofern treffend, als dass wir oftmals nur durch Krisen und Leidensprozesse aus unserer fiktiven, rein mentalen Wirklichkeit aussteigen, so wie wir aus einem Albtraum erwachen.

2. Nachdem man aus dem konventionellen Traum aufgewacht ist, realisiert man auf der zweiten Stufe, dass die alte Ich-Identität sich immer wieder aufdrängt, bzw. dass Gedanken, alte Überzeugungen und Haltungen sehr mächtig sind und einen vereinnahmen wollen. Im Vordergrund steht nun, sich mehr und mehr im inneren Beobachter, dem transpersonalen Selbst, zu verankern und dem eigenen Denken zuschauen zu können. Diese Meta-Perspektive oder Meta-Kompetenz, wie Gerald Hüther, einer der führenden Neurologen sie nennt, führt schließlich zu einem offenen mentalen Betriebssystem, welches mit Ideen und Konzepten flexibel umgehen kann. Je größer der mentale Abstand wird, umso besser und zuverlässiger wird die innere Stimme und der Zugang zur Intuition.

3. Auf der dritten, der verinnerlichten transpersonalen Stufe, hat man sich dauerhaft in der Meta-Perspektive verankert. Alte Gedankenmuster haben kaum noch eine Chance, uns in das mentale Drama der Identifikation hineinzuziehen. Wirklichkeit wird nun direkt und ungefiltert wahrgenommen. Durch die vollständige Akzeptanz des Augenblicks entsteht ein Gefühl von Einheit. Das Handeln erfolgt nun nicht mehr aus den engen Konzepten des linearen, ichbezogenen

Denkens heraus, sondern aus dem erweiterten Bewusstseinszustand, den ich Cloud-Bewusstsein nenne. Wenn wir mit der Cloud verbunden sind, haben wir Zugang zu einem anderen Navigationssystem, einem versteckten kosmischen Informationsmeer, aus dem Inspiration, Vorahnungen, kreative Ideen und Intuition fließen kann. Im Kapitel über das Bewusstseinsfeld gehe ich näher auf dieses Thema ein.

«Wir sollten uns mit großer Sorgfalt
der kosmischen Ordnung anpassen,
uns die Beschränktheit unseres Denkens
bewusst machen und
der kosmischen Weisheit folgen.»

Dogen, jap. Zen-Mönch des 13. Jahrh.

14. Zeichen für innere Transformation

«Was die anderen denken könnten, ist gleichgültig;
sie denken sich ohnehin, was sie wollen.»
Paulo Coelho

Die Soziologie nennt sie die Innengelenkten oder Kultur-Kreativen. Sie meint damit Millionen von Nonkonformisten, die zur am schnellsten wachsenden Werteszene der Gesellschaft gehören. Interessanterweise fühlen sie sich trotz ihrer relativ großen Anzahl eher isoliert, da sie sich kaum in den Medien wiederfinden, obwohl ihre Zahl ständig wächst. Sie haben die Reise in die kommende Bewusstseins-gesellschaft bereits angetreten.

Im Folgenden einige Eigenschaften, die man typischerweise bei innengelenkten Menschen findet, die durch die Vielzahl transpersonaler Techniken immer mehr über gesellschaftliche Klischees hinauswachsen:

- Manchmal halten sie es in Menschenmengen nicht gut aus. Nachdem sie sich durch innere Prozesse wie Meditation, Fasten oder Stille sensibilisiert haben, spüren sie deutlicher unangenehme Stimmungen oder Gefühle anderer. Sie nehmen den Stresslevel, der sie umgibt, deutlich wahr und suchen dann intuitiv einen ruhigeren Ort auf.
- Sie wissen oft Dinge im Voraus und spüren sie, bevor sie sich ereignen. Sie haben manchmal Vorahnungen in ihren Träumen oder über ihre Intuition, ohne über ein Thema nachdenken zu müssen.
- Sie lesen kaum noch Zeitungen oder schauen nur noch selten fern. Das Meiste, was die Medien produzieren, erscheint ihnen zu dümmlich, oberflächlich oder zu einseitig negativ. Sie ziehen es stattdessen vor, selber kreativ zu sein, z.B. durch Schreiben, Zeichnen, Musik machen, Tanzen, Singen oder sie genießen einfach die Ruhe zuhause oder in der Natur.

- Unaufrichtigkeit oder Unwahrheiten fallen ihnen schwer. Sie haben fast körperliche Schmerzen oder starke innere Widerstände, wenn sie nicht aufrichtig sind. Dafür wissen sie genau, was ihr Gegenüber fühlt, auch wenn er oder sie es nicht zum Ausdruck bringen wollen.

- Sie haben ein ausgeprägtes Mitgefühl für die Schwachen, Kranken oder Menschen, die keine Stimme in der Gesellschaft haben. Sie finden sich leicht in Situationen wieder, in denen sie Menschen spontan Hilfe oder Unterstützung anbieten, insbesondere wenn es um Heilung geht. Sie kennen eine Vielzahl von alternativen Heilmethoden und geben anderen gerne Tipps, Adressen oder Empfehlungen. Cafeteria-Gespräche langweilen sie schnell. Sie brauchen mehr Stille als der Durchschnitt und ziehen es vor, allein zu bleiben, statt am Smalltalk teilzunehmen.

- Es fällt ihnen schwer, Dinge zu tun, die sie nicht wirklich tun wollen. Sie tun vermehrt das, was sich von Moment zu Moment richtig anfühlt. Es muss nicht alles Spaß machen, aber sie wissen von innen her, was im Augenblick stimmig ist.

- Sie haben eine große Toleranz anderen Menschen gegenüber und sind gute Zuhörer. Wenn aber jemand seinen Egotrip durchziehen oder nur jammern will, finden sie einen Weg, sich rasch zu verabschieden.

- Sie kennen den Zusammenhang zwischen Ernährung und Gesundheit, bzw. der Entstehung von Krankheiten, und ernähren sich um einiges bewusster als der Durchschnitt.

- Sie verfügen über eine offene Spiritualität und sind interessiert an vielen Kulturen und deren Praktiken. Ethisches Verhalten ist für sie selbstverständlich, da sie sich auf einer existentiellen Ebene mit allem verbunden fühlen.

B. Transpersonale Gesundheit

1. Schlafen Sie sich gesund

«Schlaf ist die beste Meditation.»
Dalai Lama

Laut einer Studie von Neurologen der Rochester Universität ist ausreichend Schlaf u.a. auch deshalb sehr wichtig, um den Körper von Toxinen zu befreien. Während wir schlafen, reinigt sich das Gehirn von Schadstoffen, die die Körperzellen während des Tages angesammelt haben. Die Forscher vermuten, dass dieser Reinigungsprozess einer der Hauptgründe dafür ist, dass wir schlafen müssen. Man weiß z.B., dass Ratten, die nicht schlafen, nach wenigen Wochen sterben. Menschen, die zu wenig schlafen, leiden an Konzentrationsmangel, Reizbarkeit, Migräne oder erhöhtem Schlaganfallrisiko. In der dunklen Jahreszeit brauchen wir mehr Schlaf als im Sommer. Laut Studien der Chronobiologie entstehen viele Krankheiten, weil wir uns mit den Körperrhythmen nicht optimal synchronisieren. 98% der Menschen brauchen mindestens 7½ Stunden Schlaf, 1% kommt mit 5 Stunden aus und 1% braucht 12 Stunden. Die Hälfte von uns sind „Lerchen", d.h. sie müssen früh ins Bett und stehen früh auf, und die andere Hälfte sind „Eulen", d.h. spät ins Bett und am liebsten spät aufstehen. Ein gesunder Schlaf ist übrigens wichtig für das Erinnerungsvermögen.

Was sind praktische Empfehlungen, die mir seit mehr als 20 Jahren einen gesunden Schlaf ermöglichen?

- Ich lasse mich nicht von einem Wecker wecken, sondern von der inneren Uhr. Ich programmiere mich vor dem Einschlafen, wann ich aufwachen will. Man kann sich zur Sicherheit immer noch den Wecker stellen, aber das Aufwachen ist völlig anders, wenn man von Innen her wach wird. Mit der Zeit bekommt man Routine und Vertrauen darin, sich vom Unterbewusstsein wecken zu lassen.
- Wenn ich nicht einschlafen kann, gähne ich mich in den Schlaf. Gähnen ist einer der einfachsten Techniken, um einschlafen zu können. Ich tue

dann so, als wenn ich gähnen müsste und zwar solange, bis der natürlich Impuls kommt. Wenn man gähnt, entspannt sich das Gehirn; wenn das Gehirn sich entspannt, entspannt sich der Köper. Die Entspannung des Körpers ist Vorbedingung, dass man einschlafen kann.

- Ich nutze den Moment vor dem Einschlafen, um einerseits den Zeitpunkt des Aufwachens zu programmieren, aber andererseits, um meine Ziele im Unterbewusstsein zu verankern. Es gibt keinen besseren Zeitpunkt dafür.

- Ich esse sehr wenig am Abend und wenn möglich nichts mehr nach 19:00 Uhr. Mit leerem Magen schlafe ich wesentlich besser als mit vollem Magen.

- Ich vermeide es, wenn ich TV schauen würde, gleich ins Bett zu gehen. Meistens lasse ich die Kiste ganz aus. Der Vorteil ist, dass ich dann wesentlich besser spüre, wann ich müde bin. Visueller TV-Input oder Internet überschreiben den natürlichen Müdigkeitsimpuls. Außerdem will ich nicht den TV- oder Internet-Junk während der Nacht in meinem Traumbewusstsein haben

- Falls ich wirklich nicht gut einschlafen kann, nutze ich die Audio CD „Serene Sleep" vom Monroe Institut. Über Kopfhörer vor dem Einschlafen hören und man schläft garantiert ein. Das Programm synchronisiert beiden Hemisphären und beruhigt das Gehirn.

- Falls ich gesundheitliche Problem habe, bitte ich mein Traumbewusstsein (Höheres Selbst, Inneren Heiler, etc. – hier kann jeder seine eigene Metapher benutzen), mich im Traum in der Heilung zu unterstützen. Ich habe wunderbare Erfahrungen damit gemacht und kann jedem empfehlen, es auszuprobieren.

Der Schlaf und die damit verbundenen Bewusstseinszustände sind immer auch im Fokus verschiedener transpersonaler Traditionen gewesen. Traumyoga ist z.B. Bestandteil der tibetischen Praxis. Angestrebt wird hier die Fähigkeit, auch dann bewusst zu bleiben, wenn der Körper schläft. Das dadurch hervorgerufene „luzide Träumen" (Klarträume) kann auf vielfache Weise, z.B. für Heilung, innere Entwicklung oder Vorausschau genutzt werden. In der griechischen Tradition bestanden über 1500 Jahre sogenannte

„Traumtempel", die vor allem der Heilung dienten. In diesen Tempeln wurde die Äskulaptradition praktiziert, von der uns heute nur noch das Symbol der Ärzte erhalten ist, der Äskulapstab, die Schlange, die sich um einen Stab windet. In diesen Heiltempeln unterzog man sich zunächst einer Reinigung und traf dann im Schlaf Äskulap, der den Patienten direkt im Schlaf heilte oder ihn instruierte, bestimmte Heilkräuter zu sich zu nehmen.

Die Techniken des luziden Träumens und das Hervorrufen von außerkörperlichen Erfahrungen gehören ebenfalls in den Bereich der transpersonalen Psychologie. Prof. Stephen LaBerge der Stanford University war der erste, der mit Hilfe des EEG wissenschaftlich nachweisen konnte, dass es sich bei luziden Träumen um ein reales Phänomen handelt. In den letzten Jahren ist dieses Thema auch immer mehr zum Forschungsgegenstand der Wissenschaft geworden.

Ende 2014 hatte ich Gelegenheit, in einem Symposium über luzides Träumen und außerkörperliche Erfahrungen die führenden Forscher auf diesem Gebiet und ihre Techniken kennenzulernen. Es war äußerst faszinierend zu entdecken, welches ungeheure Potential in diesem, meist völlig unbewussten Zustand „Schlaf" liegt. Heilung ist nur ein Aspekt von vielen, die uns im Schlaf geschenkt werden können.

2. Der Verlust von Seelenanteilen und ihre Reintegration

«Du hast deine Kindheit vergessen,
aus den Tiefen deiner Seele wirbt sie um dich.
Sie wird dich so lange leiden machen, bis du sie erhörst.»
Hermann Hesse

Die Psyche ist ein Schmetterling. Sie ist unglaublich sensibel. So empfindsam wie ein kleines Kind. Leicht fliegt sie weg und spaltet sich in viele Teile auf, die sich, wenn es unerträglich wird, in eine Traumwelt oder andere Dimensionen verflüchtigen. Die Griechen nutzen deshalb das gleiche Wort für Seele und Schmetterling: Psyche. Wenn Erlebnisse unerträglich werden, weicht die Seele aus, sie spaltet sich ab. Psychologen nennen dieses Phänomen Dissoziation, Schamanen nannten es in vielen Kulturen Seelenverlust. Die Anzahl dissoziativer Störungen hat in den westlichen Gesellschaften eine epidemische Dimension angenommen. Wenn wir Seelenanteile verlieren, verfügen wir nicht mehr über unsere gesamte Energie, Weisheit und innere Führung. Chronische Müdigkeit, Antriebslosigkeit, fehlende Lebensfreude, Depressionen, Orientierungslosigkeit und viele andere Symptome sind Ausdruck einer „seelenlosen Gesellschaft". Mit abgespaltenen Seelenanteilen lebt man lediglich in der Oberflächenstruktur des Lebens. Kein Wunder fühlt man sich gespalten, verwirrt oder energielos.

In der transpersonalen Reise geht es darum, diese abgespaltenen Seelenanteile zurückzuerobern. Die direkteste Reiseroute ist die über die eigenen Träume. In ihnen spiegelt sich die ungeschminkte Wahrheit der Seele wieder. In ihnen versucht unsere Seele immer wieder, mit uns zu kommunizieren. Aber viele Menschen hören ihren Träumen nicht zu, obwohl sich in ihnen die tiefere Wahrheit ihres Wesens offenbart. So bleibt ihnen die Welt ihrer eigenen Seele und ein direkter Zugang zu einer wirkungsvollen Form der Heilung verschlossen. „Viele Menschen sind an einem Punkt angelangt, wo sie nicht mehr wissen, warum sie überhaupt existieren. Sie nutzen ihr inneres Wissen nicht, dass ihre Seele ihnen mitgegeben hat. Sie stolpern blind umher. Es ist ein geteerter Weg, den sie sich schön reden, der nirgendwohin führt. Es lässt mich schaudern, wenn ich daran denke, wo sie landen." *Lame Deer, Lakota Schamane*

Wann spalten wir Anteile der Psyche ab und verlieren einen wichtigen Teil unserer Energie und Identität? Unsere Gesellschaft suggeriert uns unausgesprochen, Erwachsenwerden bedeutet, dass alles, was das Kind in uns repräsentiert, aufgegeben werden soll. „Sei vernünftig! Reiße dich zusammen! Spinnst du! Was soll aus dir werden?!" Das waren die nie endenden Phrasen, die meine Kindheit begleiteten und dazu führten, dass ich mich bemühte, so wie viele andere auch, so schnell wie möglich mein Kind-Ich in die Tonne zu werfen. Der Preis, den ich dafür zahlen musste, war der Verlust meiner Kreativität, Lebensfreude und Spontaneität.

Neben dieser gesellschaftlichen Indoktrinierung, bzw. Missachtung der kindlichen Seele, sind es vor allem traumatische Erfahrungen, die dazu führen, dass wir wichtige Teile unserer Seele abspalten: Missbrauch, Prügel, Demütigung, überwältigende Traurigkeit, Einsamkeit oder Scham- und Schuldgefühle sind Lebenssituationen, in denen immer Seelenanteile verloren gehen. Aber auch später als Erwachsener können schmerzhafte Trennungserfahrungen, der Tod naher Angehöriger oder die Fixierung an alte Beziehungen oder Orte dazu führen, dass sich Seelenanteile abspalten. In unseren Träumen tauchen dann solche abgespaltenen Anteile als immer wiederkehrende Themen auf. Sich wiederholende Personen, Szenen, Orte aus der Vergangenheit repräsentieren oft Themen bzw. Energien, in denen noch Anteile von uns feststecken und erlöst werden wollen.

Welches sind Symptome, die einen Seelenverlust anzeigen:

- **Der Verlust vitaler Lebensenergie.** Chronische Müdigkeit, Lustlosigkeit, Apathie, schwaches Immunsystem. Das Fehlen von etwas Substantiellem, das dann häufig mit Essen, Süßigkeiten oder Alkohol kompensiert wird. Sobald wir verlorene Anteile der Seele integrieren, kommt die Energie zurück.

- **Der Verlust unseres jugendlichen Selbst**: Unsere jüngere Version, das Kind oder der Jugendliche mit unbändiger Energie und Enthusiasmus, einer wunderbaren Vorstellungskraft, einer poetischen oder musikalischen Ader wurde vielleicht brutal verletzt und hat sich dann verabschiedet. Diese jüngere Version unseres Selbst hat viele Geschenke für uns und vor allem unbändige Lebensfreude, die wir für unser Leben sehr gut brauchen können.

- **Der Verlust unserer Sensibilität**: Ohne unsere Sensibilität werden wir grob zu uns und zu anderen. Die feinen Zwischentöne, die das Leben ausmachen, sind uns fremd. Nur das Grob-Materielle und Leistung zählt. Wir werden beziehungsunfähig, sowohl zu uns selbst als auch zu anderen. Mit der Wiederkehr der sensiblen Seelenanteile gewinnen wir die Tiefe des Seins zurück.

- **Der Verlust des höheren Selbst.** Ohne unser Höheres Selbst bleiben wir orientierungslos und verirren uns in der trivialen Konsumwelt. Weder erkennen wir unsere tiefere Aufgabe in diesem Leben, noch sind wir fähig, anderen Menschen Orientierung zu geben. Mit der Integration des höheren Selbst kommt innere Führung, Weisheit und Humor ins Leben zurück.

Die Odyssee, eins der großen, epischen Werke der griechischen Geschichte, beschreibt auf wunderbare Weise den Verlust und die Rückkehr der Seele nach Hause. Für die Griechen war der Traum der Botschafter der Seele (Oneiros) aus der Republik der Träume. Für die Priester des Apollon, die damaligen Heiler und Schamanen des Altertums, waren die Traumtempel des Asklepios (Äskulap) vor allem Orte der Heilung, in denen Heilträume die Menschen wieder mit den abgespaltenen Teilen ihrer Seele verbanden.

Der erste Schritt, sich wieder für die Seele zu öffnen, besteht darin, seinen Träumen mehr Aufmerksamkeit zu widmen. Jeder Mensch träumt jede Nacht. Aber erst wenn wir unseren Träumen Bedeutung einräumen, kommen sie wieder in unser Bewusstsein. Der zweite Schritt ist, ein Traumtagebuch zu führen, in dem wir unsere Träume am Morgen aufschreiben. Sobald wir mit einem Traumtagebuch beginnen, reagiert das Unterbewusstsein sofort und die Traumerinnerung nimmt zu. Im dritten Schritt laden wir abgespaltene Seelenanteile ein, zu uns zurückzukehren. Der beste Augenblick dafür ist unmittelbar vor dem Einschlafen. Lassen Sie sich von Ihrem Traumbewusstsein zeigen, welche Anteile integriert werden müssen. Das Wichtigste für dieses Vorgehen ist Geduld und Kontinuität. Es gibt keine wirkungsvollere Art der Selbst-Heilung.

«Es wird eine Zeit kommen, wenn du dir selbst in Form
deiner Seele begegnest, an deiner eigenen Tür,
in deinem eigenen Spiegel, und jeder wird den anderen
mit einem Lächeln begrüßen.»
Derek Walcott

3. Gesundheit, Glück und Schattenintegration

«Wenn du einen Weg ohne Hindernisse findest,
führt er wahrscheinlich nirgendwohin.»
Zen

Es gibt ein tibetisches Sprichwort, das besagt, dass Hindernisse nicht die Dinge sind, die unseren Weg blockieren, sondern dass sie der Weg sind. Das Gleiche gilt für Krankheit. Gesundheit entsteht nicht durch Verdrängung von Krankheit, sondern durch ihre erfolgreiche Überwindung; das betrifft sowohl den körperlichen als den seelischen Bereich. Wir wachsen am meisten durch unser Versagen, nicht durch Erfolg. Erst wenn wir uns auf einer tieferen Ebene mit den Widerständen, die uns das Leben scheinbar zufällig offeriert, auseinandersetzen, erkennen wir die unerlösten Anteile unseres Selbst. C.G. Jung nannte diese unerlösten Anteile die Schattenaspekte der Seele. Die Integration des Schattens ist oft der erste Schritt zur Heilung. Es bedeutet, die verlorenen Anteile zurückzuholen, um wieder „ganz" werden. Alles andere ist Symptombehandlung, d.h. ein Aufschieben der „Erlösung" dieser Anteile auf einen späteren Zeitpunkt.

Diese Schattenanteile sind als unbewusste Beliefs in Form neuronaler Verbindungen und energetisch im Körperbewusstsein abgespeichert. Meist in Zeiten von extremem Stress, wenn wir dünnhäutig sind, drängen sie an die Oberfläche. Aber auch dann, wenn wir eigentlich Zeit hätten, uns zu entspannen und loszulassen, können sie sich bemerkbar machen. In einer körperlichen Krankheit schließlich haben wir oft keine Wahl mehr, ob wir uns seelisch bzw. energetisch mit den Schattenaspekten auseinandersetzen wollen oder nicht, der Schatten hat sich physisch manifestiert.

Eines der besten Instrumente für die seelische Schattenintegration, das ich in den letzten 30 Jahren kennengelernt habe, ist das Enneagramm – die neun Typen der Persönlichkeit. Das Enneagramm ist ca. 1500 Jahren alt und stammt von den Mystikern des Islam, den Sufis. Sie nutzen es, um einen

Schüler auf die innere Reise vorzubereiten und ihm aufzuzeigen, mit welchen Widerständen auf dem Weg zur Befreiung er zu rechnen hätte. Das Enneagramm zeigt vor allem auf, wo wir uns in einer Form von Einseitigkeit verlieren, bzw. dass unsere größte Stärke gleichzeitig auch unsere größte Schwäche ist. Wer immer genau und präzise sein muss, wird zum Perfektionisten. Wer darauf fokussiert ist, anderen immer helfen zu müssen, vergisst seine eigenen Bedürfnisse. Wer nur auf Erfolg programmiert ist, wird zum eitlen Narzissten. Die Kernbotschaft des Enneagramm ist Einseitigkeit zu vermeiden, bzw. alle Aspekte der Seele inkl. des Schattens zu erforschen, denn die Seele, so C.G. Jung, will Ganzheit.

In den 80iger Jahren begannen auch die Jesuiten, dieses Instrument zu nutzen, um einen Novizen in den Orden aufzunehmen. In den 90iger Jahren dann gab es eine regelrechte Schwemme von Eneagrammbüchern. Nachdem es exzessiv vermarktet worden ist, ist es wieder ruhig geworden um dieses kostbare Instrument. Einer der angenehmen Nebeneffekte von Schattenintegration über das Enneagramm ist der zunehmende Humor in Bezug auf die eigene Person und eine größere Toleranz gegenüber den Eigenarten unserer Mitmenschen. Körperliche Gesundheit ist aus meiner Sicht das Ergebnis einer optimalen Beziehung zwischen den verschiedenen Aspekten des Selbst: physisch, emotional, mental und seelisch. Heilung kann auf jeder Ebene ansetzen, entsteht aber – wie Krankheit auch – zunächst auf den subtileren Ebenen (emotional, mental und seelisch). Je mehr es sich dann verdichtet und physisch wird, umso anspruchsvoller wird es, nachhaltige Veränderungen herbeizuführen. Meine Erfahrung hat mich gelehrt, alle Ebenen zu berücksichtigen, auch wenn ich weiß, dass die Ursachen meistens auf der seelischen Ebene ihren Ursprung haben.

Für diejenigen, die nicht in Kontakt mit ihrem Unterbewusstsein und den intuitiven Fähigkeiten der rechten Gehirnhälfte sind, d.h. die, die nur ihrer Logik vertrauen, bleiben in der Regel nur die rein physischen (chemischen) Maßnahmen der Pharmaindustrie und das Vertrauen in die Selbstheilungskräfte des Körpers.

Für diejenigen, die bereits einen guten Zugang zu ihrem Unterbewusstsein und ihren intuitiven Fähigkeiten haben, beginnt der Prozess der Schattenintegration. Sie verfügen meist schon über eine größere Werkzeugkiste. Sie spüren, mit welcher Strategie und bei welchem Arzt oder Naturheiler sie Lösungen finden können, was sie essen und was sie vermeiden sollten, welche Lebensgewohnheiten sie ändern und welche sie neu in den Alltag integrieren müssen, bzw. welche Veränderungen das Leben von ihnen erwartet, um den nächsten Schritt in ihrer Entwicklung zu machen.

Auf der nächsten Stufe finden wir Menschen, die alle Ebenen des Seins integriert haben. Das schließt Logik und Intuition, physische Übungen und Energiearbeit, seelische Reinigung von alten Mustern, Schattenintegration und Vertiefung des Loslassens mit ein. Dazu gehört auch, dass man sich Hilfe und Unterstützung auf den transpersonalen Ebenen des Bewusstseins holen kann: in Träumen, beim Archetypen des inneren Heilers, dem höheren Selbst oder spirituellen Helfern. Je häufiger man auch diese Ressourcen nutzt, die jedem von uns grundsätzlich zur Verfügung stehen, umso mehr macht man die Erfahrung, vom Universum getragen zu werden. Die daraus entstehende Heilung heilt nicht nur den Körper, sondern vor allem die Seele. Diese Art der Heilung ist eine der tiefsten und schönsten Erfahrungen, die man als Mensch machen kann. Es ist ein Ankommen in sich Selbst, in einem Gefühl der Einheit, in der sich die Dualität zwischen mir und der Welt auflöst.

4. Die Macht von Beliefs – Wie aus Gedanken Wirklichkeit wird

«Die äußeren Lebensumstände eines Menschen finden sich immer
in ihren inneren Überzeugungsmustern widergespiegelt.»
James Allen

Realität ergibt sich aus der inneren Landschaft unserer Gedanken, Gefühle,
Haltungen und Überzeugungen. In der Sozialpsychologie fassen wir diese
Faktoren als Belief-System zusammen. Daher stellt sich die Frage, wie kann
man seine Gedanken bzw. das Belief-System nutzen, um Ziele einfacher und
leichter zu erreichen. Und wie lassen sich die negativen Beliefs, die sich als
innere Widerstände, Zweifel oder Ängste manifestieren und uns letztlich am
Erreichen unserer Ziele hindern, zuverlässig beseitigen?

Einige Mentaltrainer behaupten, dass wenn wir mit mehr als 50% unserer
mentalen Aktivität positiv eine Vision oder ein Ziel nähren, es sich mit
großer Zuverlässigkeit manifestiert. Selbst wenn dies stimmt, so wäre es
doch sehr aufwendig, sich permanent seiner Gedanken bewusst zu sein.
Wenn wir dagegen mit Beliefs, statt mit der Wiederholung einzelner
Gedanken arbeiten, werden Mentaltechniken wesentlich wirkungsvoller, da
sie auf der tiefsten kausalen Ebene des menschlichen Bewusstseins ansetzen.
Da wir jedoch in vielen Bereichen des Lebens häufig sich widersprechende
Haltungen oder Beliefs in uns tragen – ohne dass uns das von Fall zu Fall
wirklich bewusst ist – wundern wir uns vielleicht, warum ein Großteil
unserer Vorstellungen sich nicht so einfach realisieren lässt. Da ist einerseits
der Wunsch oder das Ziel, und andererseits sind da unbewusste Zweifel oder
Ängste (Beliefs), die uns daran hindern, unsere Visionen umzusetzen.
Deshalb macht es im ersten Schritt zunächst einmal Sinn, sich mit den
„primären negativen Beliefs" auseinanderzusetzen. Vereinfacht gesagt hilft
es nicht, sich positive Affirmationen an den Kühlschrank zu kleben, wenn
darunter der Belief verankert ist: „Ich bin ein Versager!"

Beispiele für primäre „negative" Beliefs und ihre möglichen Auswirkungen:

- „Ich bin nicht gut genug" – Man ist zu streng mit sich selbst, ist nie wirklich mit sich zufrieden und setzt sich permanent unter Druck. Man kann sich nicht vorstellen, dass man Glück und Erfolg genießen kann oder verdient hat, und natürlich spiegelt einem die Wirklichkeit, dass es stimmt. Man entspricht nicht den eigenen oder fremden Ansprüchen und ist unzufrieden mit sich selbst und/oder Anderen.
- „Ich komme nicht weiter" oder „Ich stecke fest": Menschen, die während der Geburt im Geburtskanal feststeckten und später in unterschiedlichen Lebenssituationen immer wieder feststecken, wie zum Beispiel mit einem Gewichtsproblem oder einer Konfliktsituation, die immer wieder auftaucht. Ihr Verstand dreht sich im Kreis, wenn sie versuchen, das Problem zu lösen und sich zu verändern, aber sie kommen nicht weiter.
- „Ich bin ein Niemand" – Menschen mit einem geringen Selbstwertgefühl, die denken, dass sie nichts verdienen. Kann Ursache von Magersucht sein oder anderen Krankheiten, die den Körper auflösen. Meistens fragen sie nicht um Hilfe, denn sie denken, dass niemand und nichts ihnen helfen kann.
- „Etwas stimmt nicht mit mir." Es ist offensichtlich, dass früher oder später dieser Belief im sozialen Umfeld oder im Körper eine Symptomatik produzieren kann. Beispiel: Frauen, die glauben, keine Kinder kriegen zu können, haben das „Etwas stimmt nicht mit mir" Syndrom. Wenn man seinen Körper gründlich scannt, findet man natürlich immer etwas, das nicht stimmt.
- „Ich sollte nicht hier sein." Wenn man das Produkt einer ungewollten Schwangerschaft ist, lohnt es sich, sich mit diesem Belief auseinanderzusetzen. Jemand, der sich immer wieder zurücknimmt oder durch Überanpassung an andere seine eigenen Bedürfnisse und Existenzberechtigung verdrängt. Diese Menschen müssen erkennen, dass ihre Seele leben will, bzw. dass das Leben sie wollte, sonst wären sie nicht da.

- „Ich bin unerwünscht" Man fühlt sich von Partnern angezogen, die einen dann nicht wollen. Natürlich führt das zu einer Wiederholung des Musters, zur Erfahrung der Zurückweisung und zur Depression oder Krankheit. Zusätzlich fragen sie nicht Hilfe an, weil sie glauben, dass andere ihnen gar nicht helfen wollen.
- „Ich bin nicht perfekt" – Folge: Diese Menschen produzieren oft irgendeine kleine Symptomatik im Körper oder blasen eine Bagatelle im Umfeld so auf, dass sie sich nicht-perfekt fühlen können und dann wird das Symptom oder das kleine Problem zur Obsession. Sobald es geheilt oder gelöst ist, produzieren sie eine neue Symptomatik, auch um dem Arzt oder dem Anderen zu beweisen, dass er wieder mal nicht perfekt ist.
- „Ich bin schwach" – Folge: Man generiert eine Situation, z.B. indem man sich keine Ruhe oder Auszeit gönnt, und dadurch wird deutlich, dass man es wieder nicht schafft. Es kann auch eine Krankheit sein, wie chronische Müdigkeit oder einen Eppstein Barr Virus, der einen so schwächt, dass man nicht heilen kann, weil man zu schwach ist.

Erst mit der Auflösung negativer Beliefs werden die zusätzlichen Energien freigesetzt, die für das Erreichen der eigenen Vision erforderlich sind. Von zentraler Bedeutung ist dabei die Erkenntnis, dass diese negativen Beliefs einerseits kognitiv als Beliefs, aber andrerseits auch somatisch im Körper gespeichert sind, und nur solche Methoden wirkungsvoll sind, die den Körper mit in den Prozess einbeziehen. Ob Focusing, Tapping oder EMDR (siehe Kap.6) benutzt wird, ist dabei nicht so zentral. Wichtig ist, dass man eine dieser Methoden beherrscht und daran arbeitet, negative Beliefs zu erkennen und aufzulösen. Die Verankerung der positiven Beliefs im Unterbewusstsein ist der nächste Schritt, um sicherzustellen, dass man die Macht der Beliefs für die Realisierung der eigenen Visionen und Ziele benutzt. Vorzugsweise wählt man dafür einen entspannten Zustand, in dem unser Betriebssystem, sprich Gehirn und Körper, voll aufnahmebereit ist.

Empfehlenswert ist hier vor allem der Moment vor dem Einschlafen. Hier kann man mit wenig Aufwand sehr viel erreichen. Statt am Abend mit den ungelösten „Baustellen" des Tages einzuschlafen, nutzt man diesen kostbaren Moment, um seine Ziele und Visionen innerlich auf allen Ebenen als Bild, Gefühl und Empfindung wahr zu machen.

«Freiheit bedeutet nicht mehr unter dem Zwang zu stehen,
ungefragt und blind Lebensmuster und Überzeugungen
von Vorfahren wiederholen und leben zu müssen.»
L. Szondi

5. Die versteckte Botschaft körperlicher Symptome

«Der Körper ist dein Unterbewusstsein»
Dr. Candace Pert / Prof. für Biophysik

Candace Pert gilt als eine der Gründerinnen der Psycho-Neuro-Immunologie, einer jungen Wissenschaft, die sich mit dem Einfluss unseres Denkens auf den Körper und unser Immunsystem beschäftigt. Bislang haben klassische Mediziner nach wie vor die Tendenz, körperliche Probleme (Krankheiten) auf einer rein materiellen Ebene zu behandeln. Hauptsächlich analysieren sie bio-chemische Prozesse im Körper bzw. den Organen. Die übliche Strategie für Heilung besteht dann darin, die richtige pharmakologische Substanz zu finden, um gegen die Symptomatik anzukämpfen.

Ich behaupte nicht, dass diese Strategie grundsätzlich falsch ist, sie ist aus meiner Sicht einfach unvollständig. Wenn wir Krankheiten auf allen Ebenen betrachten, d.h. körperlich, psychisch und seelisch, haben wir größere Chancen, dass es zu einem ganzheitlichen Heilungsprozess kommt. Im Folgenden zeige ich kurz auf, was das darunterliegende Thema bzw. die versteckte Botschaft von Krankheitssymptomen sein kann (ohne Anspruch auf Vollständigkeit).

- Haut: Das Thema der Haut ist unsere soziale Sensibilität. Ausschlag auf der Haut oder Irritation zeigt sich meistens in den Bereichen, die stressbesetzt sind. Unsere innere Empfindsamkeit wurde in spezifischen Bereichen des Lebens verletzt. Wir waren vielleicht nicht in der Lage, unsere wahren Gefühle zum Ausdruck zu bringen. Beispiel: „Wenn ich das höre, kriege ich Ausschlag ...". Die Frage ist: In welchen Bereichen oder in welcher Situation habe ich nicht wirklich zum Ausdruck gebracht, was ich gefühlt habe?
- Nervensystem: Immer wenn wir mit zu vielen Informationen überflutet werden oder im Konflikt mit sich widersprechenden Vorstellungen sind,

erzeugen wir Spannungen im Nervensystem. Diese Spannungen können sich als Migräne, Kopf- und Rückenschmerzen oder andere Symptome manifestieren. Die Frage ist: Was sind die zentralen inneren Widersprüche, die ich mit mir herumtrage? Mit welchen Themen „zermartere" ich mir immer wieder mein Gehirn?

- Augen: Manchmal gibt es einfach Dinge, die man nicht sehen will. Die Spannung zwischen dem, was faktische Realität ist und dem, was ich eigentlich will, kann so groß sein, dass ich die Realität nicht mehr sehen will. Die Frage ist: Was will ich nicht sehen, nicht akzeptieren, nicht zugeben? Es kann sinnvoll sein, zunächst die Dinge zu akzeptieren, wie sie sind und sich da hinein zu entspannen. Erst dann kann ich an einer neuen Zukunftsvision arbeiten.

- Rücken/Schultern: Die Schultern sind der einzige Teil des Körpers, der große Gewichte tragen kann. Immer wenn wir zu viel Gewicht tragen, physisch-materiell, emotional (Beziehung) oder seelisch, zu viel Verantwortung in der Arbeit oder der Familie, reagiert der Körper nach einer Weile mit Schulter- oder Rückenschmerzen. Die Empfehlung lautet hier: die Last, die man sich aufgebürdet hat, zu reduzieren und die dahinter liegenden Glaubenssätze/Muster aufzulösen. Das ist oft leichter gesagt als getan und bedarf u.a. einer individuellen Analyse der eigenen Glaubenssätze und Lebenssituation.

- Lunge: Die Lunge zeigt uns auf, wo wir nicht genug Raum für uns selbst haben. Immer dann, wenn andere in unseren Raum eindringen, „Übergriffe machen", sich einmischen, wir uns eingeengt fühlen, reagiert die Lunge. Daher ist es wichtig wieder seinen „eigenen Raum" einzunehmen oder sich ggf. von anderen abzugrenzen und sich selber wieder genügend Raum zu geben.

- Herz: Es ist Teil unseres Leben, dass wir uns Menschen, Projekten oder nahen Angehörigen mit ganzem Herzen „verschreiben". Im Business nennt man es heute eine volles Commitment abgeben. Aber manchmal wird dieses Commitment unhaltbar, d.h. zur zentralen Belastung für uns. Dann signalisieren uns das Herz oder die Arterien, dass der natürliche Fluss gestört ist, die Arterien verstopft sind oder das Herz unregelmäßig schlägt. Die Empfehlung besteht darin, diese Commitments genauer unter die Lupe zu nehmen, bzw. zurückzufahren. Frage: Wo fließt die Energie nicht mehr, sondern blockiert meinen natürlichen Lebensfluss? Welches sind meine wirklichen Bedürfnisse? Wo finde ich wieder Freude, Wärme, Liebe oder Flow?

- Leber, Gallenblase: In vielen Kulturen wurden Leber und Gallenblase mit den Themen Wut und Ärger assoziiert. Beide haben die Aufgabe der Reinigung, bzw. Nährstoffe für den Körper zur Verfügung zu stellen. Das passiert zunächst in der Gallenblase durch Aufspaltung der Nahrung. Frage: In welchen Bereichen bin ich nicht klar, brauche ich eine differenzierte Sichtweise der zu verdauenden Themen? Wo erzeuge ich in mir Stress, z.B. durch überzogenes „Verurteilen" von anderen oder mir selbst, übermäßige Strenge oder überzogene Moralvorstellungen. Alle diese Prozesse machen einen „sauer", erzeugen zu viel Säure, die sich dann in der Gallenblase oder der Leber niederschlagen.

- Magen: Beim Magen geht es vor allem um unseren persönlichen „Appetit" und die Vorverdauung. Immer wenn es um Veränderungen geht im Zusammenhang mit unseren „Ambitionen" (Appetit auf Erfolg), meldet sich unser Magen. Fehlender Appetit = Unsicherheit in Bezug darauf, was wir wirklich im Leben wollen. Nervöser Magen = Unsicherheit in Bezug darauf, wie wir unsere Ambitionen verwirklichen können. Magengeschwür = der Ärger, dass wir unsere Ziele/Ambitionen nicht haben umsetzen können. Frage: Was bedeutet für Sie Erfolg? Können Sie Wege finden, innerlich zufrieden zu sein, auch wenn sich Ihre Ambitionen nicht verwirklichen lassen?

- Darm: Sobald wir unsere Erfahrungen verarbeitet haben, geht es darum, sie auch wieder loszulassen. Immer dann, wenn wir Mühe haben, etwas zu verdauen oder uns von etwas Altem zu verabschieden, reagiert der Darm entsprechend. Oft geht es darum, die Vergangenheit wirklich aufzuarbeiten und dann endgültig loszulassen, statt weiterhin daran festzuhalten oder Lebensenergie zurückzuhalten. Frage: Was habe ich immer noch nicht verdaut aus meiner Vergangenheit? Woran halte ich fest? Was kann ich immer noch nicht loslassen?

6. Auflösung des Schmerzkörpers

«Der Arzt verbindet deine Wunden.
Dein innerer Arzt aber wird dich gesunden.
Bitte ihn darum, so oft du kannst.»
Paracelsus

Die medizinische Vorstellung vom Körpers als einem Organismus, in dem vor allem biochemische Prozesse ablaufen, die aus dem Ruder laufen können, hat dazu geführt, dass sich die Psychologie bisher weitgehend mit den kognitiven Prozessen, d.h. mit dem Denken des Menschen, seinen Einstellungen, Haltungen und seiner Geschichte auseinandergesetzt hat. Die Ausweitung der Erkenntnisse der Quantenphysik auf Biologie, Neurologie und Psychologie haben der Psychotherapie geholfen zu erkennen, dass wir den Körper u.a. als ein Feld verschiedenster elektromagnetischer Felder und Schwingungsmuster wahrnehmen können, der Informationen speichert. Diese elektromagnetischen Felder sind nicht nur für die Kommunikation im Organismus verantwortlich, sondern sie speichern scheinbar auch die Lebensgeschichte eines Menschen.

Konkret gehen wir heute von der Annahme aus, dass zwar das Wissen eines Menschen in neuronalen Mustern im Gehirn, die Lebenserfahrung jedoch als Körpergefühl abgespeichert wird. In der Computer-Analogie entsprächen die Programme den Belief-Strukturen eines Menschen, d.h. seinen Überzeugungen, Haltungen, Wertesystemen, Glaubenssätzen und Einstellungen; die Festplatte dagegen, auf der diese Programme gespeichert, entspräche dem Körper. Mit anderen Worten, die Erfahrungen eines Menschen und die daraus resultierenden Überzeugungen sind im elektromagnetischen Feld der Zellen und des Gesamtkörpers abgespeichert. Diese Erkenntnis würde erklären, warum Einsicht nicht automatisch zur Veränderung führt. Solange die Informationen im Körpergedächtnis nicht gelöscht sind, laufen immer wieder die gleichen Verhaltensmuster ab, auch wenn man durch Einsicht weiß, dass man bestimmte Verhaltensweisen unterlassen sollte.

Einige Jahre bevor Wissenschaftler begannen, die Komplexität körperlicher Schwingungsmuster genauer zu verstehen, kam Mitte der siebziger Jahre Eugene Gendlin – damals Professor für Psychologie an der Universität von Chicago – anlässlich einer breit angelegten Reihenuntersuchung zur Wirksamkeit psychotherapeutischer Techniken zu der Erkenntnis, dass nur solche Therapieformen nachhaltige Veränderungen bewirkten, bei denen der Körper und das Körpergedächtnis in den therapeutischen Prozess miteinbezogen wurden. Bis heute haben die etablierten Therapieformen wie Psychoanalyse oder Verhaltenstherapie von dieser zentralen Erkenntnis kaum Notiz genommen. Nach wie vor dominiert daher nicht nur bei Laien die Vorstellung, dass Psychotherapie ein langwieriger Prozess ist, bei dem viel und jahrelang geredet wird und der im Wesentlichen nichts bringt Auch in den Köpfen der meisten Psychologen spielt der Körper eine untergeordnete Rolle. Gendlin entwickelte auf der Basis seiner Erkenntnis, dass der Körper in den Heilungsprozess integriert werden musste, eine einfache Methode, Ängste oder andere Belastungen in kurzer Zeit aufzulösen. Er nannte sie Focusing, die Technik zur Selbsthilfe bei der Lösung persönlicher Probleme.

Focusing ist eine Technik, die nicht nur breit empirisch abgestützt und klinisch erprobt ist, sondern auch von Laien angewendet werden kann. Zentraler Bestandteil von Focusing ist das achtsame Wahrnehmen des körperlichen Erlebens, während man an eine Belastungssituation denkt. Aus der achtsamen Wahrnehmung des körperlichen Aspektes ergibt sich ein interaktiver Prozess. Man spürt in den Körper hinein, nimmt mit ihm Kontakt auf und vertraut seiner Körperweisheit und der natürlichen Selbstheilungsfähigkeit des Körpers, um den mit einem Problem verbundenen, körperlichen Stress aufzulösen. Focusing entsteht, wenn man dem intuitiven, sensorischen Fluss des Körpers folgen kann und den Körper dabei unterstützt, den Stress aus dem Körpergedächtnis zu löschen.

Gendlin war der erste, der den Beweis erbrachte, dass der Körper ein Gedächtnis hat und seelischer Schmerz in diesem Körpergedächtnis gespeichert ist. Mit jeder Belastung, die wir durchlaufen, erleben wir gleichzeitig immer einen spezifischen, körperlichen Empfindungszustand. Auch wenn dieser Cocktail an Hormonen, Enzymen und anderen chemischen Botenstoffen in unserem Körper außerhalb unserer Wahrnehmung abläuft, ist er doch immer dann präsent, wenn wir uns in einer Belastungs- oder Stress-Situation befinden. Diese Körperempfindung bezeichnet Gendlin als „Felt-Sense" (empfundenes Gefühl/gefühlte Empfindung).

Beim „Felt-Sense" handelt es sich übrigens um eine subtile Wahrnehmung. Wir sind gewohnt, den Körper eher auf einer muskulären Ebene wahrzunehmen und nicht auf einer energetischen Ebene, wie dem Felt Sense. Das chinesische Konzept des „Qi" oder des „Prana" im indischen Yoga entspricht schon eher dem „Felt-Sense" von Gendlin. Diese feinstofflichen Energieströme des Körpers werden uns im Westen erst nach und nach vertrauter. Daher funktioniert für uns Focusing am besten, wenn man es vorher mit einer Entspannungsübung kombiniert. Durch die Entspannung entsteht ein besseres Gewahrsein der subtilen Energieströme und vor allem der Wahrnehmung, wo im Körper bestimmte Programme (Muster, Beliefs, Belastungen) verankert sind.

Ein „Felt-Sense" ist die körperliche Wahrnehmung eines bestimmten Problems oder einer bestimmten Situation. Ein „Felt-Sense" ist keine Emotion. Wir kennen Emotionen. Wir wissen, wann wir wütend, traurig oder fröhlich sind. Einen „Felt-Sense" erkennen Sie nicht sofort, er ist vage und unklar. Er ist die körperlich gespürte Bedeutung. Ein „Felt-Sense" ist normalerweise nicht einfach da, er muss sich erst bilden. Sie müssen wissen, wie Sie sein Entstehen zulassen können, indem Sie Ihre Aufmerksamkeit auf das Innere Ihres Körpers richten. Wenn der „Felt-Sense" in Erscheinung tritt, ist er zunächst unklar und verschwommen. Durch gewisse Schritte können Sie ihn in den Fokus rücken und ihn verändern.

Fallbeispiel zum Focusing – Auflösung einer Ärger-Reaktion:

Arno S., Leiter einer Autogarage, wollte wissen, ob der Focusing-Prozess bei ihm irgendeine Wirkung zeigen würde. Die Belastung, die er in dieser Sitzung in den Focusing-Prozess nahm, war eine starke emotionale Reaktion des Ärgers, die bei ihm insbesondere beim Autofahren auftrat. Als professioneller Fahrer ärgerte er sich immer wieder über andere Autofahrer, die seiner Meinung nach zu langsam oder falsch fuhren. Das Problem war schon seit Jahren eine Belastung für ihn. Sein Arzt ging schon so weit, ihm zu empfehlen, auf das Autofahren ganz zu verzichten, da sein tägliches Maß an Ärger bereits psychosomatische Spuren in Form von Magen und Herzproblemen hinterlassen hatte. Arno S. konnte während des Focusing den „Felt-Sense" gut in der rechten Schulter lokalisieren. Es gab während der Sitzung keinen „Shift" an eine andere Stelle des Körpers. Am Ende der Sitzung hatte sich der „Felt-Sense", das körperliche Äquivalent zur Ärgerbelastung, aufgelöst. Arno S. versprach mir, mich einen Monat später wieder anzurufen, um mir davon zu berichten, ob sich sein Problem verändert bzw. aufgelöst hatte oder nach wie vor bestand. Ich traf ihn zufällig nach drei Monaten wieder und fragte nach seinem „Ärger-Problem". Er versicherte mir, dass er heute völlig ohne Ärger-Reaktion fahren kann und die Sitzung zu seinem Erstaunen funktioniert hatte, obwohl er in der Focusing-Sitzung nicht an die Methode glaubte.

Der einfache Weg zum Focusing:

1. Als Erstes ruft man die belastende Situation, wie z.B. eine Angst, aus der Erinnerung ab, oder wenn man gerade in einer solchen Situation ist, versucht man in den Körper hinein zu spüren.
2. Im nächsten Schritt nimmt man mit dem Körper Kontakt auf und fragt ihn in Gedanken: Wo, an welcher Stelle ist dieser Schmerz (Angst, Belastung, Problem, etc.) verankert? Wie fühlt es sich an, wenn ich in dieses Gefühl, in diese Empfindung hineingehe? Es ist wichtig, den

Energie-Körper wie einen Dialogpartner zu behandeln, bzw. zu wissen, dass er erst mit einer gewissen Verzögerung Antwort gibt.

3. Im nächsten Schritt nimmt man Kontakt mit dieser Empfindung im Köper auf und versucht einen Begriff (Gendlin nennt es „Griff") dafür zu finden. Man versucht es zu begreifen, d.h. wirklich bewusst wahrzunehmen, aber nicht zu analysieren.

4. Nun kann man hin und her gehen zwischen der Empfindung und der Stimmigkeit des Begriffs. Wie fühlt es sich an? Welche Qualität hat es? Was sagt mir dieses Gefühl im Körper? Wenn es mit mir kommunizieren könnte, was würde es mir sagen?

5. Die Auflösung des „Felt-Sense", der belastenden Empfindung, wird durch Fragen eingeleitet: Wie wäre es, wenn sich diese Belastung jetzt auflösen würde? Wie würde ich mich fühlen, wenn ich wirklich frei von .... (dem belastenden Muster z.B.) wäre?

6. Nun muss man geduldig warten und gut beobachten, was der Körper als Antwort auf diese Fragen für eine Reaktion zeigt. Die Reaktion kann zweierlei sein:

   a) Ein „Shift" findet statt, d.h. das Körpergefühl wandert an eine andere Stelle des Körpers, weil die Belastung an verschiedenen Stellen des Schmerzkörpers verankert ist und man nun dem Ariadnefaden des Körpergefühls folgt, bis sich der Schmerzkörper vollständig aufgelöst hat und sich ein wohliges, ganzheitliches Körpergefühl eingestellt hat.

   b) Die Belastung im Schmerzkörper ist nur an dieser Stelle verankert und kann nun in der Intensität fluktuieren, d.h. stärker oder schwächer werden. Wichtig ist, dass man an der Stelle bleibt und immer mit dem Körpergefühl Kontakt aufnimmt, bis es sich vollständig aufgelöst hat.

7. Man scannt den Schmerzkörper nach Restempfindungen durch und arbeitet ggf. dort weiter, wo noch etwas spürbar ist, auch wenn es noch so subtil ist.

8. Zuletzt taucht man tief in ein ganzheitliches Körpergefühl ein und genießt die Entspannung, die sich als Folge der energetischen Auflösung des Schmerzkörpers einstellt.

Auflösung durch Tapping – bilaterales (beidseitiges) Klopfen

„Tapping" oder bilaterales Klopfen ist eine Vereinfachung einer Technik namens EMDR, die von Francine Shapiro, einer amerikanischen Therapeutin, in den 90iger Jahren entwickelt wurde. Sie entdeckte durch Zufall, dass man über schnelle Augenbewegungen von links nach rechts einen Selbstheilungsmechanismus des Gehirns aktivieren kann. EMDR steht für „**E**ye **M**ovement **D**esensitization and **R**eprocessing" und triggert einen Prozess, den das Gehirn selbständig jede Nacht im Schlaf, in der REM Phase (Rapid Eye Movement) aktiviert, um den Stress, der sich während des Tages angesammelt hat, aufzulösen. Shapiro bemerkte, dass man durch das absichtliche Auslösen der schnellen Augenbewegungen oder durch abwechselnde Berührung der Knie (Tapping) ein neurologisch bzw. energetisch gespeichertes Trauma rasch auflösen konnte. Sie konnte nachweisen, dass sich selbst tiefliegende seelische Wunden wie Missbrauch, Kriegstrauma oder Ängste innerhalb von nur vier Sitzungen auflösten.

EMDR ist eine komplexe Technik, die nur an ausgebildete Psychotherapeuten oder Ärzte weitergegeben wird und es ist empfehlenswert, wenn man tiefe seelische Wunden bearbeiten will, dies mit einem ausgebildeten Spezialisten zu tun. Tapping, eine vereinfachte Form des EMDR dagegen, kann man leicht erlernen und ist ausreichend, um mit einem „normalen Schmerzkörper" zu arbeiten und dysfunktionale Muster, Beliefs oder Ängste rasch aufzulösen.

Tapping – Klopfen:

1. Zunächst taucht man in die Belastung und das entsprechende Körpergefühl ein. Dabei geht es nicht darum, darüber nachzudenken, was belastet, sondern einerseits den entsprechenden Glaubenssatz (Belief) zum Problem und andrerseits die dazu gehörende Empfindung im Körper wahrzunehmen.

2. Dann beginnt der Partner mit dem abwechselnden, beidseitigen Klopfen auf die Knie oder die Hände, während sich die Person, die behandelt wird, auf die assoziativ aufsteigenden Bilder, Erinnerungen, Gefühle, Gedanken und vor allem körperlichen Empfindungen konzentriert. Der Rhythmus des alternierenden Klopfens ist dabei relativ schnell.

3. Alle 30 – 40 Mal (das Klopfen rechts und links zählt als einmal) macht man eine kurze Pause und fordert den Behandelten auf, einen tiefen Atemzug zu nehmen. Am besten folgt man der Intuition, ohne zu zählen.

4. Der Behandelte macht während dieser Zeit eine Reise durch den Schmerzkörper und spürt die im energetischen Körper verankerten Erinnerungen auf. Er taucht praktisch in das Archiv des Körpers ein, während die Belastungen durch das Klopfen gleichzeitig neurologisch und energetisch aufgelöst werden.

5. Die Wirksamkeit dieses Prozesses ist sehr davon abhängig, ob man in die subtilsten Verästlungen des Schmerzkörper eindringen kann und ihn vollständig vom Ballast der Vergangenheit reinigt, so wie man eine Wunde gut säubern muss, damit sie heilen kann.

6. Wichtig ist, dass man den Körper immer wieder durchscannt, wie man eine Festplatte scannt, ob noch irgendwelche Empfindungen im Zusammenhang mit der belastenden Thematik spürbar sind und mit diesen Empfindungen Kontakt aufnimmt.

7. Es ist typisch, dass es einem gegen Ende der Behandlung schwer fällt, überhaupt noch an das Thema, das man behandelt hat, zu denken. Mit dem Tapping verschwindet der Schmerzkörper immer mehr und löst sich zum Schluss vollständig auf. Was bleibt, ist die Erinnerung und ein sehr

angenehmes, ganzheitliches Körpergefühl, sowie eine gewisse Müdigkeit.

Warum ist es eigentlich wichtig, über Techniken wie Focusing oder Tapping zu verfügen, wenn es doch in der natürlichen Meditation darum geht, grundsätzlich alles, was ist, so zu akzeptieren, wie es ist? Meine Erfahrung hat mir gezeigt, dass wir an unseren Dämonen, an der Konfrontation mit dem Unterbewusstsein und mit der eigenen Geschichte, nicht vorbeikommen, wenn wir wirklich frei sein wollen. Auch in der schamanischen Tradition weiß man seit Jahrtausenden, dass der Weg ins Licht durch die Dunkelheit geht. Auf dem Weg ins innerste Wesen unseres Seins begegnen wir unweigerlich unserer Vergangenheit. „Wer seine Vergangenheit nicht aufarbeitet", so sagte einst der Philosoph Santayana, „ist dazu verdammt, sie zu wiederholen."

Sobald man sich in den Zustand der Stille begibt, tauchen nach einer gewissen Zeit unweigerlich die unerlösten Geschichten der Vergangenheit, die unbewusste Ebene der biographischen Prägungen, auf. Alles, was verdrängt, weggesteckt oder achtlos beiseitegeschoben wurde, kommt in den Momenten, wo wir nicht beschäftigt sind, zum Vorschein. Deshalb ist es auch für viele Menschen nicht einfach, in die eigene Essenz, in das reine Sein, einzutauchen. Mit jeder Aktivität drückt man quasi den Deckel auf die unerlösten, aus dem Unterbewusstsein nach Erlösung strebenden Vergangenheitsanteile. Alles, was nicht gelebt wurde, nicht bewusst wurde, drängt ins Licht, will bewusst bzw. gelebt werden.

7. Aufmerksamkeit und Auflösung von Karma

«Karma, stai calma» (Sei ruhig, Karma)
Song von Zucchero

Der Buddhismus spricht davon, dass man Karma nicht aufgelöst hat, bevor man nicht vollständig leer ist. Das bedeutet, jeden Augenblick bewusst zu sein und den alten Programmen keine Chance mehr zu geben, sich auszuagieren. Wenn man unachtsam ist – das kennen wir alle aus dem Alltag – passieren Fehler: Man isst unbewusst und stopft Junkfood in sich hinein, fährt aggressiv Auto, vergisst wichtige Angelegenheiten, sagt blödes Zeug, das andere verletzt oder erlaubt seinem Verstand, sich selbst „fertig" zu machen.

Buddha sagte, wenn Sie es schaffen, für eine Stunde Ihrem Atem zu folgen, ohne ein einziges Mal abgelenkt zu werden, ohne einen einzigen Atemzug unbemerkt oder unbewusst verstreichen zu lassen, ändert sich Ihr Leben. Wir schaffen es aber in der Regel nicht mal fünf Minuten, unserem Atem zu folgen. Aufmerksamkeit ist der Schlüssel. Karma lässt sich nur auflösen durch Aufmerksamkeit. Wenn Sie aufmerksam sind, werden Sie Dinge nicht übersehen. Warum aber sind wir nicht wirklich aufmerksam? Wir sind nicht wirklich aufmerksam, weil ein Großteil unserer Aufmerksamkeit durch unsere Gedanken absorbiert wird. Mit Aufmerksamkeit können Sie die Automatismen durchbrechen. Aufmerksamkeit bedeutet Sorgfalt und Freiheit. Wenn die Aufmerksamkeit entwickelt genug ist, sieht man die Impulse der konditionierten Verhaltensmuster, bevor sie sich manifestieren können.

Meditation hilft, den Grad an Aufmerksamkeit zu erhöhen und ist letztlich Aufmerksamkeitstraining. Gedanken haben keine Chance mehr, sich festzusetzen und neue Gedanken zu erzeugen. Wenn wir die Lehre des Buddha genauer betrachten, schildert die Geschichte seiner Erleuchtung den genauen Moment, an dem sein Karma – d.h. seine alten konditionierten

Muster – sich endgültig auflösten. Dann kam er zu der Erkenntnis, dass die Natur des Seins vollständige Leere ist und dass diese Leere identisch ist mit der grenzenlosen Fülle, die wir in unserem innersten Wesen sind. Nach seiner Lehre hat jeder Mensch das Potential, ohne Karma ein Leben der Freiheit ohne mentale Einschränkung zu leben.

Sobald wir achtsamer werden, erkennen wir die einschränkende und begrenzende Natur des Denkens, die nicht durch den Gedanken selber hervorgerufen wird, sondern dadurch dass wir ein „Ich" an den Gedanken hängen. Der Prozess der Identifikation mit Gedanken führt zur Illusion des Ich, zu Dogma, Fanatismus, Engstirnigkeit oder einfach nur Leiden. Buddha nannte es „Dukkha", ein Begriff aus dem Pali, der Elend oder Leiden bedeutet. Er erkannte, dass alles, was wir denken, virtuelle mentale Spiele sind, die sich dann als Karma = Gesetz von Ursache und Wirkung, manifestieren. Sobald wir diesen karmischen Mechanismus durchschauen, sobald wir für unsere mentalen Spiele achtsamer werden, entsteht eine höhere Form der Intelligenz, die man „Buddhi" nennt. Deshalb ist der Buddha der aus der Scheinwelt der Gedanken zur tatsächlichen Wirklichkeit erwachte Mensch.

Gedanken haben diese vampirähnliche Qualität, die unsere gesamte Aufmerksamkeit aufsaugen und alle unsere Energie in Beschlag nehmen. Deshalb kennen wir oft keine andere Realität als die unserer Gedankenwelt. Wir sollten uns immer bewusst sein, dass Gedanken nur Gäste unseres Bewusstseins sind und wir die Gastgeber. Wir sind der Raum, in den die Gedanken eintreten und kein Gedanke bleibt für immer in diesem Raum. Sobald wir uns der Flüchtigkeit der Gedanken bewusst werden, können wir sie beenden und aus unserem Bewusstseinsraum verabschieden. Wenn wir aber dem Gedanken erlauben, Platz zu nehmen, zieht er automatisch andere Gäste nach sich, die alle aus demselben Milieu kommen.

C. Die Reise ins Cloud-Bewusstsein

1. Das Bewusstseins-Feld

«Alles in die Gegenwart Kommende ...
hält sich bis zuletzt verborgen.»
Martin Heidegger

Lynne McTaggart war eine der Ersten, die Einsteins einheitliche Feldtheorie auf das Phänomen Bewusstsein ausweitete. Als Wissenschaftsjournalistin, die in England einen Bestseller mit ihrem Buch „Was Ärzte Ihnen nicht erzählen" gelandet hatte, verfügte sie über genügend finanzielle Mittel und Renommee, um die führenden Wissenschaftler der Welt zu interviewen. Was dabei rauskam, war ein weiterer Bestseller, „The Field", auf Deutsch „Das Nullpunktfeld". Im Laufe ihrer sieben Jahre andauernden Forschung erkannte sie, dass viele Wissenschaftler in unterschiedlichen Bereichen an Themen arbeiteten, denen die Annahme eines einheitlichen Energie- und Bewusstseinsfeldes zugrunde lag. Der Paradigmenwechsel, den sie in ihrem Buch ankündigte, ist der von einem materiellen Universum zu einem Frequenzuniversum, welches der Wirklichkeit zugrunde liegt. Der Vorteil dieses Frequenzmodells, in dem alles mit allem wie in einem einheitlichen Feld, verknüpft ist, ist die grundsätzliche Verbundenheit aller Phänomene, wie in einem Hologramm. Wenn alles in allem enthalten und gleichzeitig verbunden ist, hat man potentiell Zugang zu allem Wissen und beeinflusst auch alles durch sein Handeln.

Ein Vorgänger von McTaggert`s Feldtheorie war das morphogenetische Feld des Biologen Rupert Sheldrake. Er hatte vor allem mit Tieren geforscht, insbesondere mit Haustieren, und war auf ihre besonderen Fähigkeiten aufmerksam geworden, dass – egal ob Hund oder Katze – , diese jeweils wussten, wann ihre Eigentümer beabsichtigten, nach Hause zurückzukehren. In seinen Experimenten konnte er nachweisen, dass Haustiere auch dann zum Fenster oder an die Tür gingen, wenn der Besitzer sich völlig zufällig und willkürlich entschlossen hatte, nach Hause zu kommen. Hier musste also eine geheimnisvolle Form von Kommunikation vorliegen, die man bisher in der Biologie nicht erforscht hatte. Sheldrake manövrierte sich mit dieser Theorie schnell ins Abseits der konventionellen Lehre und galt seitdem als Esoteriker innerhalb der Wissenschaftscommunity. Das minderte allerdings seine Publizität überhaupt nicht, im Gegenteil. Seine Bücher wurden zu Bestsellern, da er ein Phänomen untersuchte, das sich die Wissenschaft bisher nicht erklären konnte. „Die morphogenetischen Felder wirken in Raum und Zeit, sie geben Form und Struktur." *Rupert Sheldrake*

Auf der Bewusstseinsebene kommen wir an einen Punkt, an dem wir erkennen, dass wir grundsätzlich Zugang zu einem Bewusstseinsfeld haben, das Erkenntnis jenseits unserer Erfahrung zugänglich macht. Die grundsätzliche Frage, ob ich etwas wissen kann, was ich eigentlich nicht weiß, weil es nicht in meiner Erfahrung gespeichert ist, werden immerhin die meisten Menschen heute mit Ja beantworten. Ein Nein würde bedeuten, dass man sich immer nur im Kreis dreht und endlos wiederholt, was in einen hineinprogrammiert wurde. Dann wäre der Mensch, intellektuell betrachtet, eine abgefüllte Konserve, die bestenfalls Wissen neu kombiniert. Die Frage ist also heute nicht mehr, ob dieses kollektive Bewusstseinsfeld, der französische Jesuit und Philosoph Teilhard de Chardin, nannte es die „Noosphäre" (griech. = Sphäre des Wissens) – existiert, sondern wie man Zugang zu diesem Feld erlangt und ob es der Menschheit gelingt, sich mit den Feldern, in die wir eingebettet sind, zu synchronisieren. Solange wir asynchron zu den biologischen Feldern (=Sphären) des Lebens, wie Atmosphäre (=Luftqualität), Biosphäre (=alle Lebewesen), Hydrosphäre (=Trinkwasser und Meere), etc. handeln, werden wir dies leidvoll erfahren müssen.

Wir können davon ausgehen, dass unsere dringendste Aufgabe heute darin besteht, den Zugang zu diesem einheitlichen Bewusstseinsfeld so rasch wie möglich herzustellen, damit unser Handeln nicht mehr aus den alten Mustern und Konditionierungen erfolgt. Sobald wir uns an dieses Feld andocken, fühlen wir uns vom Universum inspiriert, informiert und unterstützt. Der

Preis, den wir dafür zahlen müssen, wenn wir diese Form des Downloading –
ohne Internet – nutzen wollen, ist die Reise in den transpersonalen Bereich.
Der Buddhismus nennt es die Praxis des Nicht-Wissens, die chinesischen
Taoisten nannten es „WuWei" – der Weg ohne Anstrengung. In meiner
Praxis des transpersonalen Coachings und Trainings ist es die Voraussetzung
für eine Form der Interaktion, in der der nächste Schritt oder das nächste
Wort nicht mehr aus der Trennung, sondern aus der Verbundenheit mit allem
fließt. Die meditativen Techniken Asiens, aber auch die Inkubationspraxis
der griechischen Mystik, wie sie Peter Kingsley beschreibt, eröffnen uns den
Weg in dieses „Feld". Erst wenn wir uns von den Inhalten des Denkens lösen
und in die „Noosphäre" oder das „Formlose" – wie es der Buddhismus nennt
– eintauchen, eröffnet sich diese andere Dimension des Erkennens.

«In ihrem tiefsten Innern besteht
die lebendige Welt aus Bewusstsein.»
Teilhard de Chardin

2. Der Direkterfahrungs-Modus

Es fällt mir oft selber nicht leicht, die Übersicht zu behalten über die vielen Praktiken und Traditionen, die ich die letzten 35 Jahre erforscht und mir zugänglich gemacht habe. Sehr früh wurde mir in jungen Jahren klar, dass ein rein kognitiver Ansatz wenig – wenn überhaupt – Wirkung zeigen würde. Alles, was nur im Kopf abläuft oder dort verarbeitet wird, führt bestenfalls zu dem Wunsch, tiefer in die eigene Psyche einzutauchen, das war`s aber auch schon. Bitte verstehen Sie mich nicht falsch; ich liebe gute Theorien und Gedankengebäude, aber sie machen einen ebenso wenig satt, wie das Studieren einer Speisekarte. Wenn man also dann endlich mal essen möchte, wendet man sich von dem rein kognitiven Studium der menschlichen Psyche ab und begibt sich auf die Reise in die spirituellen Praktiken Asiens. Ja, ich weiß, hier lauern die Sekten und die Gurus und die großen Verführer, auf die wir gerne verzichten.

Allerdings verläuft das Lernen hier – wenn man denn die richtigen Lehrer findet – vor allem mit einem selber ab. Man lernt uralte Übungen, über Jahrtausende erprobte Methoden oder vormals geheime Techniken, die noch vor einigen Jahrzehnten nur an ausgewählte Schüler weitergegeben wurden. Der Prozess selbst läuft über die Jahrzehnte viel geheimnisvoller ab, als man glaubt. Ich stolperte über gewisse Traditionen, fühlte mich z.B. zum Sufismus hingezogen, zu den Derwischen, die sich über den Tanz oder Gesänge in Ekstase bringen. Ich entdeckte, dass der Sufismus seine Wurzeln auch in der griechischen Mystik eines Parmenides und Empedokles haben, den Gründern der westlichen Wissenschaften. Viele Jahrhunderte vor der aktuellen neurologischen Forschung betonten sie bereits, wie zentral ein Bewusstsein der „Aufmerksamkeit" ist. Nur ein Bewusstsein der Aufmerksamkeit, die ihren Sitz im präfrontalen Cortex hat, der in fast allen Meditationstechniken eine wichtige Rolle spielt, schafft man es, Meta-Kompetenz herzustellen und Herr über die eigenen Gedanken zu werden.

Heute wissen wir, dank der wissenschaftlichen Forschung, dass der Körper ein Gedächtnis hat (Joachim Bauer – „Das Gedächtnis des Körpers"), aber die Neurologie sagt uns leider nicht, wie wir das Gedächtnis des Körpers von den Altlasten unserer Vergangenheit befreien können. Dafür müssen wir dann entweder in die körperzentrierte Psychotherapie, die prä-buddhistische Böntradition oder ins Qi Gong der Shaolin Mönche gehen. Sie merken vielleicht schon, worauf ich hinaus will. Ein ideologiefreier Raum, in dem wir die besten Techniken einer jeden Tradition nehmen – sei sie jetzt westlich-wissenschaftlich, fernöstlich oder schamanisch – , ihre Wirksamkeit miteinander vergleichen und sie in Bezug auf ihre alltagstaugliche Anwendung überprüfen. Ein Faktor beispielsweise für die Überprüfung der Wirksamkeit ist für mich, ob die Methode auch dann funktioniert, wenn man nicht an sie glaubt. Mit jeder Technik, die man dem eigenen Repertoire hinzufügt, wird das größere Bild deutlicher. Da ist zum einen die Aufarbeitung der eigenen Vergangenheit, die Auflösung dysfunktionaler Muster oder des „Schmerzkörpers" – hier findet man brauchbare Techniken in der körperzentrierten Psychotherapie oder der tibetisch-präbuddhistischen Böntradition – und zum anderen die Erforschung erweiterter Bewusstseinszustände, wie sie im Advaita Vedanta oder im Zen-Buddhismus gut beschrieben sind.

Norman Farb, Neurologe der University of Toronto, hat uns einen neuen Namen für diesen erweiterten Bewusstseinsraum beschert: der Direkt-Erfahrungsmodus. Das Gegenstück dazu ist der narrative Modus, in dem wir dem ständigen Geplapper unseres Verstandes ausgesetzt sind. Interessanterweise ist dieser Direkt-Erfahrungsmodus nicht nur ein sehr viel angenehmerer Aufenthaltsort als der sorgenvolle und meist ichbezogene narrative Modus, er gibt uns auch einen besseren Zugang zur Kreativität und zur Lösung komplexer Fragestellungen. Die fernöstlichen Traditionen, vor allem aber die mystischen Wurzeln unserer eigenen Kultur, die griechische Mystik, bieten höchst effiziente Wege zu diesem Direkterfahrungs-Modus. Der Direkt-Erfahrungsmodus ist eine völlig andere Art die Welt zu erleben und – wen erstaunt es – ist mit einem Teil des Gehirns verbunden, den man

Inselrinde nennt, der wiederum auch für die Wahrnehmung körperliche Empfindungen zuständig ist, sowie für das Aufspüren von Irrtümern und den Aufmerksamkeitsfokus. Mit dem Direkt-Erfahrungsnetzwerk denken Sie kaum noch über irgendetwas nach! Stattdessen richten Sie Ihre Aufmerksamkeit auf alle einströmenden Sinneseindrücke. Nun macht das Zitat aus dem Zen auf einmal Sinn: „Höre auf zu denken und höre auf zu sprechen, und es gibt nichts mehr, das du nicht verstehen wirst."

Misserfolg im Business, die falsche Partnerwahl oder die Entstehung von Krankheiten lassen sich meist auf falsche Entscheidungen zurückführen. Wir essen den fettigen Hamburger doch, trinken zu viel, rauchen oder gönnen uns keine Pause, stressen uns mit Mails, obwohl der Arbeitstag eigentlich vorbei ist. Wer entscheidet hier eigentlich? Nun, die neurologische Forschung sagt uns, dass das Gehirn entscheidet, lange bevor wir uns dessen überhaupt bewusst sind. Sie sagt uns auch, dass wir viele Antagonisten in unserem Gehirn haben, die uns permanent gegensätzliche Informationen geben: Kurzfristig gegen langfristig, Gefühl gegen Vernunft, Disziplin gegen Lust, usw.

Das Meiste, was wir dann entscheiden, gleicht einem Abnicken der vom Gehirn bereits vororganisierten Präferenz. Der Ort im Gehirn, an dem wir bewusst entscheiden können, heißt in der Neurologie frontaler Cortex. Der allerdings ist schnell erschöpft und verliert rasch die Übersicht. Wenn das passiert, entscheidet die Automatik, d.h. die alten Konditionierungen oder die Instinkte. Das kann gut gehen, muss aber nicht. Will man seine neuronale Entscheidungs-kompetenz erhöhen, lohnt einerseits der Blick in dysfunktionale Verhaltensmuster, um sie zu erfassen und aufzulösen, andererseits ist es sinnvoll, seine Entscheidungskompetenz zu erweitern, indem man den Direkterfahrungsmodus des Gehirns aktiviert.

David Eagleman, ein US-Neurologe, bezeichnet den Direkterfahrungs-Modus als implizites Wissen des Gehirns. Dieses Wissen geht weit über das hinaus, was wir bewusst wahrnehmen können. Er beruft sich u.a. auf ein Experiment wie das von Hirnforscher Antoine Bechara. Dieser ließ Testpersonen nacheinander Karten von beliebigen Stapeln ziehen. Jede Karte stand für den Gewinn oder den Verlust einer gewissen Summe. Im Laufe der Zeit erkannten die Teilnehmer, dass die Stapel sich unterschieden: Zwei waren „gut", das heißt, die Teilnehmer verdienten unterm Strich, und zwei waren „schlecht", das heißt, sie zogen mehr Nieten als Gewinne. Während die Teilnehmer überlegten, von welchem Stapel sie die nächste Karte ziehen sollten, wurden sie immer wieder von den Wissenschaftlern unterbrochen und nach ihrer Meinung gefragt: War einer der Stapel besser als die anderen? Welche waren gut, welche schlecht? In der Regel wussten die Teilnehmer nach etwa 25 Runden, welche Stapel gut waren und welche schlecht. Bechara maß außerdem die Leitfähigkeit der Haut, die Aufschluss über die Aktivität des vegetativen Nervensystems und über mögliche Fluchtreaktionen gibt. Dabei machte er eine erstaunliche Feststellung: Das vegetative Nervensystem entdeckte das Muster sehr viel schneller als das Bewusstsein der Teilnehmer. Wenn die Teilnehmer nach einem schlechten Stapel griffen, kam es zu einem Ausschlag, der im Grunde nichts anderes war als ein Warnsignal. Dieser Ausschlag war schon ab der 13. Karte erkennbar.

Das heißt, das Gehirn der Teilnehmer registrierte die zu erwartenden Gewinne und Verluste, noch ehe ihr Bewusstsein Zugang zu dieser Information hatte. Und diese Information nahm die Form einer „Ahnung" an: Die Teilnehmer bevorzugten die guten Stapel, lange bevor sie explizit Gründe dafür nennen konnten. Das heißt, sie benötigten kein bewusstes Wissen, um gute Entscheidungen zu treffen. Mehr noch, es stellte sich heraus, dass die Teilnehmer dieses Bauchgefühl brauchten: Ohne wären ihre Entscheidungen sehr viel schlechter ausgefallen. Bechara führte das Experiment auch mit Patienten durch, deren Gehirn im vorderen Bereich, genauer gesagt in dem an der Entscheidungsfindung beteiligten präfrontalen Cortex, geschädigt war. Dabei stellte er fest, dass bei diesen Menschen das Warnsignal auf der Haut ausblieb. Ihr Gehirn erkannte das Muster nicht. Und selbst nachdem sie bewusst bemerkt hatten, welche Stapel gut und welche schlecht waren, trafen sie erstaunlicherweise immer noch falsche

Entscheidungen. Das heißt, das Bauchgefühl ist wesentlich, um gute Entscheidungen zu treffen. Bewusstsein wirkt bei den meisten Aufgaben eher störend, es ist jedoch nützlich, wenn es darum geht, Ziele zu setzen und den Roboter anzuleiten. Die Evolution hat den Zugang des Bewusstseins vermutlich genauestens austariert: Zu wenig, und das System ist orientierungslos; zu viel, und es schleppt sich dahin, weil es Probleme auf umständliche und kraftraubende Weise lösen muss.

3. Intuition – Botschaft aus der Zukunft

> «Der Wunsch, etwas zu machen, ist eine Vorahnung
> der Fähigkeiten, die man bereits innehat.»
> *Johann Wolfgang von Goethe*

Wir alle haben sie, diese besondere Fähigkeit, die Zukunft zu erahnen, bevor sie eintritt. Die Gabe der Prophezeiung wurde über Jahrtausende in allen Kulturen genutzt. Diese „Seher" und „Propheten" wurden zu allen Zeiten von Menschen um Rat gefragt. Von Pythagoras z.B. ist bekannt, dass er in der Lage war, Erdbeben vorauszusagen. Delphi galt den Menschen der Antike über 1000 Jahre als Mittelpunkt der Welt. Hier erhielt man einen Blick in die Zukunft. Die Germanen nutzen Runen als Orakel. Das Wort „Buchstabe" stammt aus dem Altgermanischen und bedeutet ursprünglich Runenzeichen. Die Chinesen praktizierten über Jahrtausende das I Ging-Orakel, aus dem die chinesischen Schriftzeichen entstanden. Im alten Griechenland war es die Prophetin und Traumdeuterin Kassandra, Tochter des Königs von Troja, die den Untergang ihrer Stadt zehn Jahre vor dem Ereignis prophezeite. Dafür ließ ihr Vater sie in einen Turm der Stadt einsperren und gut bewachen, aber das rettete Troja nicht. Bemerkenswert ist das Risiko, das fast immer mit der Gabe der Prophezeiung kommt. Kassandra hatte zwar von Apollo diese Fähigkeit erhalten, wurde jedoch mit dem Fluch belegt, dass niemand ihr glauben würde. Da viele Menschen dies intuitiv wissen, entscheiden sie sich oft unbewusst dafür, in der „kollektiven Trance" zu verharren bzw. ihrer inneren Wahrheit nicht zu folgen. Und doch ist uns diese Fähigkeit nicht gänzlich abhanden gekommen. Wir nutzen sie zumindest dann, wenn wichtige Entscheidungen anstehen und wir uns zentrale Lebensfragen stellen. Die Forschung auf dem Gebiet der „vorhersehenden Künste" unterscheidet viele Arten, die Zukunft zu erkennen: Dazu gehören beispielsweise „sehen", „erspüren" oder „deuten". „Seher" sind Menschen, die die Zukunft buchstäblich vor ihren Augen sich entfalten sehen. Dies kann im Traum oder im Wachbewusstsein geschehen.

Mit „erspüren" ist häufig das Bauchgefühl gemeint. Der Körper ist ein hervorragender Indikator dafür, ob etwas stimmt oder nicht. „Deuter" wiederum sind Menschen, die scheinbar zufälligen Ereignissen eine spezifische Bedeutung geben können. Gesellschaftlich ist heute Vorahnung und Intuition nach wie vor geächtet. Wer sich öffentlich dazu bekennt, seinen Vorahnungen zu folgen, wird immer noch schnell als „Außenseiter" etikettiert. Grund dafür ist nicht zuletzt ein Prinzip der Physik, dass der Zeitgeist der Masse unbewusst übernommen hat: Ein einzelnes Ereignis ist in der Physik immer zweifelhaft. Erst der Nachweis der Reproduzierbarkeit wird als wissenschaftlich anerkannt. Alles andere gilt als unwissenschaftlich. Vorahnungen und Intuitionen aber beschäftigen sich nicht mit „sich wiederholenden Phänomenen", sondern mit Ereignissen, die einmalig sind, und das ist die große, weite Welt unseres Alltags, außerhalb der Physik. Deshalb sollte man Vorahnungen und Intuition als komplementäre Fähigkeit betrachten, statt das Kind pauschal mit dem Bade auszuschütten.

Während also unsere westliche Welt diese Fähigkeit nach wie vor unbeachtet lässt, ist die chinesische Kultur eher synchronistisch. Sie fragt weniger nach der Ursache, sondern: „Was taucht gemeinsam auf? Was hat eine Tendenz gleichzeitig zu passieren? Welche Ereignisse werden konvergieren?" C.G. Jung bezeichnete dieses Phänomen als Synchronizität. Er definierte es als „das Auftreten inhaltlich sinnvoller, nicht kausaler Ereignisse, zwischen gleichzeitigen oder zeitnahen Ereignissen". Da in meditativen Zuständen die Zeit aufgehoben wird, d.h. Vergangenheit, Zukunft und Gegenwart in der Tiefendimension des Jetzt zusammenfließen, öffnet sich hier ein „Vorhersage-Fenster". Wenn wir achtsam in den Augenblick eintauchen und uns für einen Moment vom Alltagsbewusstsein lösen, kann sich ein tieferer Einblick in die ansonsten versteckte Ordnung der Zeitlinien offenbaren. Das für das normale Bewusstsein verborgene Netz zukünftiger Ereignisse wird dann für einen Augenblick sichtbar. Je häufiger wir dieses Eintauchen in den Augenblick praktizieren, umso zuverlässiger können wir das Potential unserer Vorahnungen im Alltag nutzen, ohne auf Logik oder Rationalität verzichten zu müssen.

4. Das transpersonale Selbst navigiert mit Kairos

«Wer bist du?
Ich bin Kairos, der alles bezwingt.
Warum gehst du auf Zehenspitzen?
Ich laufe unablässig.
Warum hast du Flügel an den Beinen?
Ich fliege wie der Wind.
Warum trägst du in deiner Hand ein spitzes Messer?
Um die Menschen daran zu erinnern,
dass ich spitzer bin als ein Messer.
Warum fällt dir eine Haarlocke in die Stirn?
Damit mich ergreifen kann, wer mir begegnet.
Warum bist du am Hinterkopf kahl?
Wenn ich mit fliegendem Fuß erst einmal vorbeigeglitten bin,
wird mich auch keiner von hinten erwischen,
so sehr er sich auch bemüht.
Und wozu schuf Euch der Künstler?
Euch Wanderern zur Belehrung.»

Poseidippos, 3. Jahrh. v. Chr.

In der griechischen Mythologie wurde Chronos zum Herrscher der Welt, weil er seinen Vater Uranos auf Geheiß seiner Mutter Gaia entmachtete. Aus Angst davor, von seinen eigenen Kindern gestürzt zu werden, verschlang Chronos fast alle bis auf Zeus. Diesem gelang es mit Hilfe von Metis, seiner Geliebten, den Vater zu überlisten, ihn zu verbannen und sich selber zu inthronisieren.

Da unsere Zeit die des Chronos ist, darf es uns nicht wundern, wenn wir zerrissen sind, denn dieser Chronos, dieser Zeitdruck frisst uns buchstäblich auf. Zeitstress ist heute in westlichen Industrieländern die Todesursache Nummer eins.

Chronos hatte jedoch einen Bruder mit Namen Kairos. Im Gegensatz zu seinem Bruder ist Kairos verantwortlich für die *Qualität* der Zeit und den günstigen Augenblick. Er repräsentiert die in unserer Kultur weitgehend in Vergessenheit geratene kontemplative Zeit des Jetzt. Lange vor Eckart Tolle verstanden die Griechen, dass es bei allem chronologischem Streben und Wollen noch eine andere, qualitative Dimension der Zeit gibt, die sich nur für den offenbart, der in die Tiefendimension des Augenblicks eintauchen kann. Die jetzt beginnende Ära des 21. Jahrhunderts ist die des Kairos. Chronos hat ausgedient. Er treibt uns nur noch weiter in den Abgrund. Intuitiv wenden sich immer mehr Menschen von Chronos ab, da sie spüren, dass die Folgen einer einseitigen Unterwerfung an Chronos zerstörerisch sind und Stress, Herzinfarkt und Rastlosigkeit bewirken. Immer mehr Menschen legen ihre Uhren instinktiv ab und besinnen sich auf die innere Zeit.

Leben aus der Zeitdimension von Kairos führt in die Tiefendimension des Seins und die Unmittelbarkeit des Augenblicks. Die Griechen hatten die Ahnung, dass in der Zeit eine versteckte Ordnung verborgen war, ein geheimer Plan, den es zu entdecken galt. Der Schlüssel zu dieser versteckten Ordnung ist ein anderes Verständnis und ein Eintauchen in diese qualitative Dimension der Zeit. Wir kennen nur die chronologische Zeit, das Nacheinander von Ereignissen, die sich heute immer mehr verdichten und uns nicht nur keine Zeit mehr zum Verweilen, sondern auch Kairos nicht so einfach entdecken lassen.

Diese andere Dimension der Zeit ist für jeden Menschen zugänglich und wird die Zukunft, wenn wir denn eine haben werden, hauptsächlich bestimmen. Sie macht diese neue Zukunft überhaupt erst möglich. Kairos entlässt den Menschen aus der ihn zerstörenden Einseitigkeit seines alten Zeitkonzeptes und verbindet ihn mit den vitalen Energiefeldern des Lebens, in die wir alle eingebettet sind. Durch die daraus entstehende Synchronisation entsteht Harmonie. Laotse nannte es das Tao. Der nächste Schritt in ein neues Bewusstsein ist sowohl individuell als auch kollektiv ohne Kairos nicht möglich. Jeder von uns muss und kann seinen Kairos finden, seinen richtigen Augenblick, die einzige Zeit die wirklich existiert.

Mir geht es nicht darum, dass man sich gelegentlich der günstigen Momente im Leben bewusst wird und sie beim Schopfe packt. Das kennen wir und nennen es dann Glück oder Zufall. Mir geht es darum, wie man sich dauerhaft in der Zeitdimension des Kairos einrichten, bzw. in Kairos leben kann und welche Vorteile es mit sich bringt, Chronos Adieu zu sagen. Da wir nur Chronos kennen und seinen Bruder Kairos äußerst selten zu Gesicht bekommen, bzw. von seiner Existenz kaum etwas wissen, gehen wir fälschlicherweise davon aus, dass Chronos die einzige Zeit ist, die existiert. Daher kommt es uns auch nicht in den Sinn, in eine andere Zeitdimension einzutauchen. Chronos fixiert uns in der Oberflächenstruktur des Lebens und erlaubt uns nicht, in den Kairos-Raum einzudringen. Wer im Chronos lebt, lebt in der Angst vor der Zukunft. Er nimmt ständig im inneren Dialog die Zukunft vorweg. Er lebt in der Planungsfalle.

Chronos drängt uns und ist der männliche Aspekt der Zeit; Kairos hat Raum, es ist der weibliche, intuitive Aspekt Zeit. Dass es im Chronos immer enger wird, spüren wir an den Folgen, die er hinterlässt. Wer ihm nachlebt, hat eine kürzere Lebenserwartung. Jeder Zweite stirbt heute an den Folgen von zu viel chronologischem Stress, sprich Herzinfarkt, Krebs oder Schlaganfall. Die griechische Mythologie erzählt uns, dass Chronos seine Kinder frisst, aus Angst, dass sie ihn stürzen können. Chronos selbst hatte seinen Vater Uranus kastriert und wollte verhindern, dass ihm das Gleiche passierte. Aber Zeus, der als einziger dem paranoiden Vater entrinnen kann, tötet Chronos. Wenn etwas chronisch ist, dann meinen wir damit, dass es sich kaum mehr verändert. Wir sind historisch in Chronos erstarrt und die Kastration des Chronos liegt in der Luft. Ob wir mit Chronos noch tiefer ins Chaos stürzen oder mit Kairos eine neue Ära einleiten werden, liegt an uns.

Im Kairos atmen wir die Luft der Befreiung vom permanenten Zeitdruck. Wir kommen an, in der Gegenwart, der einzigen Zeit, die wirklich existiert. Im

Kairos spüren wir die Lebendigkeit des reinen Seins, die weder Vergangenheit noch Zukunft kennt. Wir lassen alle Ängste und Sorgen los, denn die können sich nur in der Zukunft materialisieren, die wir nicht kennen müssen. Paradoxerweise liegt die beste Vorbereitung auf die Zukunft in Kairos, in der vollständigen Präsenz der Gegenwart. Tief im Kairos verankert erkennen wir, dass die Zukunft immer fiktiv ist, dass sie lediglich eine mentale Konstruktion unseres Geistes, ein Gedanke ist. Verirren wir uns einmal in dem Dickicht unserer Sorgen und Zukunftsprojektionen, sind wir schon wieder im Chronos.

Chronos ist so subtil wie unsere Gedanken, und das macht es so anspruchsvoll, ihn zu überlisten. Der erste Schritt zu Kairos ist die Enttarnung des Chronos. Was uns unablässig in die Zukunft treibt oder in der Vergangenheit feststecken lässt, ist unser Verstand. Das Werkzeug des Chronos in unserem Bewusstsein ist der Verstand, insbesondere das Vordenken und Nachdenken.

(Ego - Verstand!)

5. Chronos frisst seine Kinder

«Was unserer Welt zustößt,
ist beinahe zu kolossal
für das menschliche Verstehen.»
Arundhati Roy

Der globale Taifun rollt heran, sein Tosen und Brüllen ist nicht zu überhören. Er hat zunächst das Finanzsystem erfasst und wird in seinem weiteren Verlauf die Welt in ihren Fundamenten erschüttern. Nichts wird so bleiben, wie es ist. Milliarden werden in fragwürdige Rettungsschirme für Regierungen und Banken gesteckt, Unternehmen gehen zugrunde und hunderte Millionen von Menschen werden ihre finanzielle Lebensgrundlage verlieren. Das tatsächliche Ausmaß der Krise ist nur den Wenigsten bekannt. Die Politiker hoffen, dass das System in den kommenden zwei bis drei Jahren wieder zum alten Zustand zurückkehren wird. Aber der globale Taifun hat gerade erst begonnen. Alle graphischen Darstellen für die wichtigsten ökonomischen, ökologischen und sozialen Indikatoren stehen auf Beschleunigung des Chaos. Es wird eine epochale Änderung unseres Lebens geben, die kaum jemand sich wirklich vorstellen kann. John Petersen, renommierter Zukunftsforscher und Gründer des Arlington Institutes, beschrieb den bevorstehenden Wandel anlässlich einer internationalen Tagung in Stockholm in einer Metapher: „So wenig wie sich in der Evolution ein einzelliges Lebewesen vorstellen konnte, was es bedeutet, ein mehrzelliger Organismus zu sein, so wenig haben wir eine Vorstellung davon, welche Art von radikaler Veränderung uns bevorsteht."

Das bisherige System ist nicht überlebensfähig. Selbst die traditionellen Wirtschaftsexperten sind sich einig, dass wir bereits vor drei Jahren mit der Vorbereitung hätten anfangen müssen, um mit den sich heute abzeichnenden, komplexen Problemen einigermaßen souverän umgehen zu können. Wir hätten die Industrien für nachhaltige Energien, nachhaltige Ernährung und nachhaltigen Umgang mit der Natur auf einer breiten Basis bereits vor Jahren initiieren müssen. Schauen wir den Tatsachen ins Auge: Wir leben am Totenbett einer untergehenden Zivilisation, inmitten des Transits in eine neue Epoche der Menschheit, deren Hauptfokus Kooperation statt Konkurrenz sein muss.

Wir sind an einem kritischen, einmaligen Wendepunkt der Menschheit angelangt, den Ray Kurzweil, der das Internet zehn Jahre vor seiner Entstehung prophezeite, „Singularität" nannte. Singularität bedeutet einen kritischen, einzigartigen Wendepunkt in der Geschichte der Menschheit, den es nie zuvor gab. Krisis war für die Griechen ein Moment der Entscheidung, bei dem Kairos, der Gott des richtigen Augenblicks eine zentrale Rolle spielte. Kairos stand nicht nur kollektiv, sondern auch individuell als Symbol für das richtige Handeln: Im richtigen Augenblick das Richtige zu tun. Durch den Zugang zu Kairos, der das systemische Denken repräsentiert – in der rechten Hirnhälfte angesiedelt – , kann es uns gelingen, sicher durch die Krise zu kommen und eine andere Realität für uns alle zu erzeugen. Kairos kann uns durch die kritischen Momente des Lebens führen. Wie ein Navigator, der sich auf seinen Kompass verlassen kann, hilft er uns, den bevorstehenden Taifun mit innerer Zuversicht und Klarheit zu durchqueren, ohne in ihm unterzugehen.

6. Aktivierung der Kairos-Energie

Der Kontakt mit Kairos beginnt damit, dass man ihn in sein Leben einlädt. Voraussetzung ist ein Innehalten, ein Wahrnehmen aller Impulse, ohne sie in ein Handeln umsetzen zu müssen. Es ist eine dieser Meta-Kompetenzen, die man erwirbt, wenn man sich nicht mehr vom eigenen Verstand zum Affen machen lässt. Was immer man für eine Methode benutzt, um Abstand vom automatischen Denkprozess herzustellen, spielt keine Rolle. Es kann beim Laufen, Kochen, Meditieren oder in irgendeinem anderen Moment des Tages passieren, in dem man sich beim automatischen Denken erwischt. Statt sich aber dafür zu verurteilen, dass man mal wieder im Denken verloren war, hält man einfach inne. Dogen, ein japanischer Zen-Meister des 12. Jahrhunderts, nannte es „innerlich einen Schritt" zurückzutreten.

Jetzt beginnt der Moment der Einladung. Denn einladen lässt sich Kairos nicht im Voraus, sondern immer nur im Moment des achtsamen Innehaltens. Das Einladen ist ein sich Hineinfühlen in den unmittelbaren Augenblick, genauer in die Tiefendimension des Augenblicks. Der Kickstart ist kognitiv, der Rest ist sensorisch. Es hat also absolut keinen Sinn, sich in Kairos hinzudenken. Das ist nur intellektuelles Spiel und führt nirgendwohin. Kairos ist spürbar, fühlbar und nur für die Sinne wahrnehmbar. Es ist Ihre innerste Essenz, die tiefste Ebene Ihres Daseins. Nur hier können Sie seine Stimme vernehmen. Jenseits Ihres Denkens, denn das Denken ist immer nachher oder vorher, aber nie im Jetzt. Kontakt mit Kairos ist ein radikales Sich-Einlassen auf das Nicht-Wissen und vor allem Nicht-Wissen-Müssen. Kairos kommt nur freiwillig, nie unter Zwang. Zwang gehört in die Domäne seines Bruders Chronos. Kontakt mit Kairos entsteht, wenn Sie völlig, d.h. 100 % offen sind und ohne Erwartung. Mit anderen Worten: Sie tun nichts, rein gar nichts. Oft fragt man mich: Wie macht man das, gar nichts tun? Sie merken schon an der Frage, dass es absurd ist, zu fragen, was man tun muss, um gar nichts zu tun. Also, der erste Schritt und wichtigste Schritt ist, nichts zu tun, obwohl es ja kein Schritt sein kann, denn der ist ja wieder etwas, was man tun muss. Wir sehen, wie uns die Sprache oft einen Streich spielt, weil sie eben temporär ist und suggeriert, dass eins nach dem anderen kommt. Aber Kairos entdecken Sie erst, wenn Sie aus dem linearen Zeit-Zug aussteigen und das Innehalten Ihnen zur primären Natur wird. Das ist der erste Schritt. Natürlich bleibt man hier nicht stehen, sonst würde man zum Zauderer, der nie eine Entscheidung trifft und alles immer wieder hinauszögert.

Kairos kann man nicht werden, Kairos kann man nur sein. Deswegen bedeutet, Kairos in sein Leben einladen, sich zu Kairos zu transformieren. Genauso wie heute vielleicht jeder Augenblick deines Lebens von Chronos durchdrungen ist, ohne dass es Ihnen bewusst sein mag, ist das Eintauchen in Kairos eine existentielle Entscheidung, die Sie treffen. Vielleicht eine der radikalsten Entscheidungen überhaupt, die man in seinem Leben fällen kann, um angstfrei zu leben. Angst ist immer nur in der Zukunft, und ohne Zukunft leben Sie radikal in der Gegenwart. Sie wird Ihr wichtigster Bezugspunkt, wenn Sie Kairos zum Ihrem grundsätzlichen Lebensprinzip machen. Verabschieden Sie sich ein für alle Mal von der Illusion, dass es in der Zukunft besser werden wird. Zukunft ist eine automatische Halluzination Ihres Verstandes, die Sie davon abhält, völlig in der Gegenwart zu leben.

Es fällt uns schwer, uns von der Zukunft zu verabschieden und die Vergangenheit zu vergessen. Es geht einher mit Nicht-Wissen, dem Opfern der eigenen Erfahrung und all dem, was wir über den Umgang mit Zeit gelernt haben. Vertrauen in die Existenz und das damit einhergehende Gefühl des Getragenseins ist den meisten von uns in dieser Kultur nicht in die Wiege gelegt worden. Ich muss andererseits mein Wissen opfern, um mich öffnen zu können für die göttliche Führung des Kairos. So dramatisch, wie es hier klingt, ist es nicht. Ich habe meine Erfahrung und mein Wissen weiter zur Verfügung, bin ihnen aber nicht mehr als einzige Quelle für Entscheidungsprozesse ausgeliefert. Deswegen heißt es im Gedicht von Poseidippos vor mehr als 2000 Jahren: „Wenn ich mit fliegendem Fuß erst einmal vorbeigeglitten bin, wird mich auch keiner von hinten erwischen, so sehr er sich auch bemüht." Den Kairos zu erwischen, heißt daher zunächst, alle Bemühungen aufzugeben.

7. WuWei – der Weg ohne Anstrengung

> « Das Tao nährt, indem es nichts erzwingt.
> Hast du wahrhaft Ganzheit erlangt, fließt dir alles zu.
> Stimmst du mit dem Weg überein,
> durchströmt dich seine Kraft.»
>
> *Lao Tse*

Der chinesische Begriff WuWei steht für ein Leben ohne Anstrengung. WuWei bedeutet, von innen her zu wissen, wann man handelt und wann nicht. Es entwickelt sich proportional mit der Fähigkeit, den Ursprung unserer Gedanken und Handlungsimpulse erkennen zu können. Woher kommt der Gedanke, der Impuls? Aus den konditionierten Mustern der Vergangenheit oder aus dem spontanen Erkennen dessen, was die Situation im Augenblick erfordert? WuWei bedeutet, aus dem Flow heraus zu leben.

WuWei ist ein Zustand der Ganzheit, den man im Zen-Buddhismus auch als „ohne Denken" (No-Mind) beschreibt. Ein Zen Mönch betrachtet seinen Verstand wie einen Spiegel: Er versucht weder zu ergreifen, was sich in ihm spiegelt noch weist er es zurück. Wenn er etwas erhält, hält er es doch nicht fest. Es ist ein Zustand, in dem der Geist frei ist, an nichts anhaftet und nichts ablehnt. Wenn es keine Anhaftung mehr gibt, entsteht Absichtslosigkeit und das Handeln erfolgt spontan, ohne Anstrengung.

Der Begriff WuWei (无为/無爲, wúwéi) stammt ursprünglich aus dem chinesischen Taoismus und ist einer der wichtigsten Prinzipien der Shaolin-Kultur. Oft wird er bezeichnet als Nichthandeln im Sinne von „nicht angestrengtes, gegen den natürlichen Fluss der Dinge gerichtetes Handeln". WuWei bedeutet, in den natürlichen Lauf der Dinge nicht einzugreifen zu müssen. Dies kann nur erfolgen, wenn man im Einklang mit dem Ursprung des eigenen Seins ist und Handlungen natürlich und spontan geschehen. WuWei bedeutet jedoch nicht, dass man gar nicht handelt, sondern dass man auf Übereifer und blinden Aktionismus verzichtet, da beide als hinderlich wahrgenommen werden.

Durch spezifische Übungen lernt man, gelassen, konzentriert und im Fluss zu sein. Dadurch ergibt sich der geeignete Moment für Handeln oder Nicht-Handeln von selbst. Aus einer harmonischen Balance mit den eigenen Energien und einer intuitiven Synchronisation mit dem Umfeld erschließt sich ein perfektes Gleichgewicht zwischen Spannung und Entspannung und ein klares Gefühl dafür, wie man sich die natürliche Dynamik des Augenblicks zu Nutzen macht. Dies ist gelebte Shaolin-Philosophie im Alltag und funktioniert in allen Bereichen des Lebens.

8. Mentale Freiheit

«Angst ist ein großer Geburtshelfer.
Eine neue Bewusstseinsform taucht auf
und verwirklicht sich durch eine totale Krise,
wenn die vorhergehenden Strukturen
das Ende ihrer Möglichkeiten erreicht haben.
Die Erschöpfung einer Bewusstseinsstruktur
hat sich immer in der Entleerung aller Werte geäußert.»
Jean Gebser

Meta- oder transpersonale Kompetenz beschreibt die Fähigkeit, eine übergeordnete Perspektive einnehmen zu können, was insbesondere für den Umgang mit negativem Denken oder belastenden Gefühlen entscheidende Vorteile hat. Durch Meta-Kompetenz kann man beide, Gedanken und Gefühle, von außen betrachten und damit partiell steuern, bzw. nutzen. Auch wenn es banal klingt, ist die Fähigkeit, sich außerhalb seiner Gedanken zu stellen, in Wirklichkeit ein Quantensprung in der inneren Entwicklung zum transpersonalen Selbst. Wenn wir einer anderen Person gegenüber stehen und mit ihr im Gespräch sind, fällt es uns vergleichsweise leicht, beim Gegenüber einengende oder beschränkende Gedankenformen oder Glaubenssätze festzustellen. Dasselbe gilt für Gefühle. Bei anderen realisieren wir rasch, dass der „Zug abgefahren" ist und jemand von seinen Gefühlen übernommen wird. Es bei uns selbst wahrzunehmen, ist schon etwas schwieriger.

Transpersonale Kompetenz unterstützt uns dabei, die Beschränktheit eigener Denkmuster oder Gefühlsreaktionen bei uns selbst realisieren zu können. Der dadurch gewonnene Abstand macht uns frei von konditionierten Verhaltensmustern, die aus mentalen Fixierungen oder emotional unbewussten Schemata heraus entstehen. Der Zugang zur Intuition wird einfacher, während sich gleichzeitig die Dialogfähigkeit mit anderen erweitert. Zuhören nämlich kann man erst dann, wenn man Abstand zum eigenen Denken hat. Eines der Charakteristika für Meta-Kompetenz ist Meta-Kognition und bedeutet den Abstand zu den eigenen Gedanken.

Mentale Freiheit beginnt damit, dass ich nicht mehr jeden Gedanken zu Ende denken muss, bzw. mich nicht mehr mit jedem Gedanken identifiziere. Sobald die Identifikation mit den Gedanken durchbrochen wird, kann man die eigenen Denkmuster besser erkennen. Durch die wachsende Verankerung im inneren Beobachter, ein Aspekt der Metakompetenz, gelingt es nach und nach, die Muster und Themen klarer zu erkennen, mit denen sich der Verstand beschäftigt. Man lernt seine Gedanken von einer übergeordneten Position aus zu betrachten, um zu erfahren, welche Gedanken den ganzen Tag durch das Bewusstsein laufen. Wir denken pro Tag ca. 40.000 – 60.000 Gedanken oder präziser: Unser Gehirn produziert pro Tag ca. 40.000 – 60.000 Gedanken. Wir können entweder Zeuge dieses Prozesses sein oder werden in diesen Gedankenstrom hineingezogen.

Es ist befriedigender, einen angenehmen, konstruktiven Gedanken bewusst zu wählen, als einen unangenehmen Gedanken mental durchzukauen. Die Gedankenmuster der meisten Menschen bestehen fast ausschließlich aus Reaktionen auf Beobachtetes. Wenn sie etwas Angenehmes beobachten, fühlen sie sich gut. Wenn sie etwas Unangenehmes beobachten, fühlen sie sich nicht so gut. Sie glauben, keine Kontrolle darüber zu haben, wie sie sich fühlen, weil ihnen klar ist, dass sie keine Kontrolle haben über die Phänomene, die sie beobachten. Aber Sie haben eine potentielle Kontrolle über Ihre Gedanken und auf welche Gedanken Sie Ihre Aufmerksamkeit richten wollen. Sein Bewusstsein auf eine Metakompetenzebene zu bringen heißt, nicht mehr darauf zu warten, dass die Dinge besser werden, sondern bewusst einen Gedanken zu wählen, der sich gut anfühlt, wenn man ihn auswählt. Wenn man es schafft, seinen Aufmerksamkeitsfokus zu kontrollieren, indem man bewusst Gedanken wählt, die sich gut anfühlen oder mit den eigenen Zielen übereinstimmen, verändern sich zwangsläufig auch die Lebensumstände, gemäß dem Prinzip der Resonanz und der sich-selbst-erfüllenden Prophezeiung.

9. Vom Fluss lernen

« Mögen die Sterne deine Traurigkeit hinwegtragen,
mögen die Blumen dein Herz mit Schönheit füllen,
möge Hoffnung deine Tränen wegwischen und vor allem,
möge die Stille dich stark machen.»
Chief Dan George

Ich lebe am Fluss und lerne jeden Tag von ihm. Seine Energie strahlt Ruhe aus und Kraft. Wenn ich ihm auf meinen Spaziergängen in der Stille begegne, spüre ich seine vitalisierende Energie. Ich liebe es, in ihm zu baden und mich von seiner Strömung treiben zu lassen. Alte Fluss-Geschichten, die mir im Laufe des Lebens begegnet sind, kommen in mein Bewusstsein zurück. Eine dieser Geschichten ist die von *Siddhartha*, dem Roman von Hermann Hesse. Der Fluss taucht bereits am Anfang des Romans auf, als Siddhartha, der junge Mönch, den Fluss überqueren muss. Der Fährmann Vasudeva erzählt ihm während der kurzen Überfahrt vom Fluss: „ …ein sehr schöner Fluss, ich liebe ihn über alles. Oft habe ich ihm zugehört, oft in seine Augen gesehen, und immer habe ich von ihm gelernt. Man kann von einem Fluss lernen". Er deutet zu Beginn des Romans an, dass jeder irgendwann in seinem Leben zum Fluss zurückkommt: „ …auch das habe ich vom Fluss gelernt, alles kommt wieder! Auch du, Samana (junger Mönch), wirst wiederkommen."

Vasudeva hat vom Fluss gelernt, in die Zukunft zu schauen, weil der Fluss die Zeit aufhebt. Auch mir geht es so, dass ich die Zeit vergesse, wenn ich am Fluss sitze. Der Fluss macht es leicht, loszulassen, da ich ihm alles übergeben kann. Hesse beschreibt, wie Siddhartha erkennt, dass es keine Zeit gibt, „ …dass der Fluss überall zugleich ist, am Ursprung und an der Mündung, am Wasserfall, an der Fähre, an der Stromschnelle, im Meer, im Gebirge, überall zugleich, und dass es für ihn nur Gegenwart gibt, nicht den Schatten der Vergangenheit, nicht den Schatten der Zukunft." Buddha hatte einst den

Grund des Leidens ergründet und erkannt, dass Leiden bedeutet, in irgendetwas festzustecken. Damit meinte er vor allem das Feststecken in falschen Vorstellungen. Das Leiden endet, sobald wir wieder in den Fluss des Lebens einsteigen und die alten Fixierungen loslassen können. In *Siddhartha* beschreibt Hesse auf seine Weise den Weg des Buddha, dem es am Ende seines Lebens durch den Fluss gelingt, sein altes Ich, sein Streben und seine Illusionen vollständig loszulassen. Im Roman kehrt Siddhartha nach vielen Jahren zum Fluss zurück. Er ist seines Lebens überdrüssig geworden. Der Fluss gibt ihm ein neues Leben, weil er bereit ist, sein „altes Ich" aufzugeben. „Ihm schien, es habe der Fluss ihm etwas Besonderes zu sagen, etwas, das er noch nicht wisse, das noch auf ihn warte. In diesem Fluss hatte sich Siddhartha ertränken wollen, in ihm war der alte, müde, verzweifelte Siddhartha heute ertrunken. Der neue Siddhartha aber fühlte eine tiefe Liebe zu diesem strömenden Wasser und beschloss bei sich, es nicht so bald wieder zu verlassen." Er entdeckt, was es heißt, tief in der Gegenwart anzukommen und sich auf das, was ist, vollständig einzulassen. Sein Suchen endet hier am Fluss: „Wenn jemand sucht … dann geschieht es leicht, dass sein Auge nur noch das Ding sieht, das er sucht, dass er nichts zu finden, nichts in sich einzulassen vermag, weil er nur immer an das Gesuchte denkt, weil er vom Ziel besessen ist."

Mehr als 60 Jahre nach Hesses Roman beginnt die Psychologie sich mit der Frage zu beschäftigen, was Glück ist. Mihaly Csikszentmihaly, Professor für Psychologie an der Universität von Chicago, veröffentlicht seine Forschungsergebnisse in dem Buch „Flow – das Geheimnis des Glücks". Er benutzt als erster Psychologe die Metapher des Fließens, um zum Ausdruck zu bringen, dass man Glück nicht kaufen kann, sondern dass es sich einstellt, wenn man „im Fluss" ist und sich selbst vergisst. Er beschreibt, wenn auch in einer anderen Sprache wie Hesse, dass im Flow-Zustand die Zeit aufgehoben ist. Im Fluss zu sein, bedeutet tief in den Augenblick eintauchen zu können. Die Transpersonale Psychologie beginnt fast zur gleichen Zeit außergewöhnliche Bewusstseinszustände, zu denen auch der zeitlose Zustand des Flow gehört, zu analysieren. Die neurologische Forschung beginnt Ende der 90iger Jahre, die zeitlosen Zustände meditativer Erfahrungen genauer zu untersuchen. Eine der wichtigsten Erkenntnisse dieser noch jungen Forschung: Wir haben ein im Gehirn verstecktes zweites Betriebssystem, welches über eine größere Verarbeitungskapazität verfügt und uns Zugang zu innerer Zufriedenheit und Gelassenheit gibt. Es wird aktiviert, wenn wir tief in den Fluss des Augenblicks einsteigen und unseren rastlosen Verstand hinter uns lassen können. Zahlreiche Studien über den Achtsamkeitsmodus, eine Funktion dieses zweiten Betriebssystems, machen deutlich, dass es nicht nur zufriedener macht, sondern uns vor allem ermöglicht, besser und entspannter mit den wachsenden Belastungen unseres Alltags umzugehen.

D. Transpersonale Techniken – Aktivierung des Cloud-Bewusstseins

1. Meta-Spiritualität

Einer der ersten, die eine Meta-Perspektive verschiedener spiritueller Traditionen vornahm, war Ken Wilber. Mit keinem spezifischen religiösen Background ging er – allein mit seiner Erfahrung und seiner Ausbildung als Mikrobiologe – an die Schaffung einer spirituellen Meta-Perspektive. Wenn man die kulturspezifischen, spirituellen Modelle des Ostens und die westlichen Modelle der Entwicklungspsychologie übereinander legte, sollte doch ein einigermaßen objektives Bild herauskommen, so war seine Hypothese. Und in der Tat, seine ersten Publikationen wurden von einer Gruppe von interessierten Lesern sehr gut aufgenommen. „Wilbers Denken fußt auf den Ideen von Plotin, Meister Eckhart, Sri Aurobindo, des deutschen Idealismus, des Advaita Vedanta Hinduismus, des tibetischen Buddhismus, Jean Gebser, Jürgen Habermas, Jean Piaget, Lawrence Kohlberg, Arthur Koestler, Teilhard de Chardin, Alfred North Whitehead, Clare W. Graves, Rupert Sheldrake und vieler anderer." (*Quelle Wikipedia*) Seine integrale Sicht der Dinge half sehr, eine Meta-Perspektive zu entwickeln und sich nicht in Dogmen oder sektiererischen Glaubenssystemen zu verlieren.

Wilber unterscheidet grundsätzlich drei praktische Umsetzungsformen von Spiritualität: Glauben, Frömmigkeit oder Erfahrung. Glauben bezeichnet er als die schwächste Form, nicht in seiner Wirkung, sondern in Bezug auf die Authentizität. Man glaubt an das, was in der Bibel, im Koran, in den buddhistischen Sutren oder sonst wo geschrieben steht. Man glaubt an Worte, und die einzig richtige Interpretation ist natürlich die des religiösen Führers oder der Gemeinschaft, der man angehört. Oder man glaubt das, was einem der Priester, Mullah, Rabbi oder Mönch erzählt. Die nächste Stufe ist Frömmigkeit. Hier hat man eine Ahnung, spürt eine Kraft, die größer ist als man selbst, fühlt sich inspiriert von Vorstellungen oder Visionen, die der eigenen religiösen Tradition zugehören. Das emotionale Zentrum wird aktiviert und man hat vielleicht Zustände von Verzückung, Glücksgefühle oder sogar Ekstase erlebt. Ein unreifer Sucher möchte jetzt vielleicht andere überzeugen, denn je mehr zu seiner Gruppe gehören, umso glücklicher ist er.

Es entsteht eine Distanz zu „Andersgläubigen" und Skeptikern. Wir alle haben diese Bilder von christlichen Fernsehpredigern in den USA oder fanatischen Muslims gesehen. Das gleiche Phänomen kann man auch in kleinen geschlossenen „Eso-Kreisen" erleben. Schnell merkt man, wer bereits ein Insider ist und wer Neuankömmling.

Die dritte Entwicklungsstufe bezeichnet Wilber schlicht und ergreifend als „Erfahrung". Wenn ich eine transzendente Erfahrung gemacht habe, muss ich weder irgendetwas glauben, noch jemanden davon überzeugen. Das impliziert aber auch, dass eine Meta-Perspektive nicht von der Notwendigkeit einer spirituellen Praxis getrennt werden kann. Rein kognitive, intellektuelle Auseinandersetzung mit einem Thema, das die Seele eines Menschen oder seine Identität mit einschließt, führt nirgendwohin, außer in den Nihilismus. An den Existentialisten wurde deutlich, dass eine rein theoretische Auseinandersetzung mit dem Sein mitunter auch in den Selbstmord führen kann: „Der Tod ist für Camus ein absolutes Ende, das wie das Leben keinen Sinn hat." (Albert Camus). Wenn wir uns mit den existentiellen Fragen des Seins oder der Sinnhaftigkeit des Lebens beschäftigen, kommen wir an praktischen, spirituellen Erfahrungen nicht vorbei.

Ein meta-spiritueller Ansatz kann hier helfen. Wie bereits von Wilber erwähnt, geht es um die praktischen Methoden, um eigene Erfahrungen machen zu können. Mit anderen Worten: Im Vordergrund steht die Vermittlung von Techniken und die Ermächtigung des Schülers bzw. Studenten durch den Lehrer. Ohne Lehrer geht es im Übrigen selten weiter. Das Lesen weiser Bücher, sei es aus dem tibetischen oder Zen-Buddhismus, Sufismus, Hinduismus oder einer anderen authentischen Tradition, bringt einen zwar theoretisch weiter, aber ansonsten eben nicht. Man wird freilich in den besagten Traditionen keinen Lehrer finden, der eine Meta-Perspektive einnehmen wird, weil er oder sie ja eine gewisse Tradition repräsentiert – Ausnahmen bestätigen die Regel – , aber ein guter Lehrer ist jemand, der den Schüler immer wieder auf sich selbst zurückführt. Er gibt ihm ein Koan (Rätsel - Zen), eine Atemtechnik (Buddhismus), eine spezifische Meditation

(Yoga) oder spezifische Kontemplation, die es dem Schüler ermöglicht, spezifische Erfahrungen zu machen. Wer eine solche Methode über Jahre praktiziert hat, weiß, dass sie transformieren kann. Aber er weiß auch, dass die Methode nach einer gewissen Zeit „trocken" wird. Man steckt fest und kommt nicht weiter. Die Methode selbst wird zum Hindernis, denn sie impliziert immer, dass man noch nicht da ist, wo man sein soll – gemäß der Schule oder Tradition, in der man sich befindet. An dieser Stelle können zwei Dinge passieren.

1. Man begibt sich auf die Suche nach einer anderen Tradition. War man vorher Buddhist, so versucht man jetzt eine vielleicht eine besondere Hindu-Tradition des Kashmir Shivaismus. Hier findet man die geheimen tantrischen Techniken der Selbstbeherrschung. Oder man geht in ein christliches Kloster und studiert die Wege des Franz von Assisi oder praktiziert die Gesänge der Benediktiner. Diese Strategie kann man als „Surfen" in verschiedenen Traditionen bezeichnen und ist ein durchaus gängiger Weg, sein eigenes Methodenrepertoire zu erweitern. Wie tief oder wie oberflächlich man surft, hängt nicht nur davon ab, wie stark das eigene „Commitment" und der tiefe, authentische Wunsch nach Verwirklichung ist, sondern meistens auch davon, wie gut der Lehrer ist. Ist der Lehrer erfahren und verfügt selbst über ein ausgiebiges Repertoire an Methoden innerhalb seiner eigenen Tradition, kann er den Schüler immer tiefer in die eigene Essenz führen. Allerdings ist es hier dem Lehrer oder der Tradition, die er vertritt, überlassen zu definieren, was die verschiedenen Stufen der Essenz sind und wann wer welche Stufe erreicht hat.

2. Hat man genug vom „Surfen" und fragt sich beispielsweise: „Wer meditiert da eigentlich?" oder „Ist es nicht endlich Zeit, mal in sich anzukommen oder das Streben nach besonderen inneren Zuständen oder Erleuchtung endlich aufzugeben?" kommt man fast unweigerlich in eine Meta-Perspektive. Das geht in der Regel einher mit dem Ende des Suchens. Das Spiel ist aus. Man erkennt, dass das Suchen selber zum

Hindernis geworden ist, dass wirkliche Meditation eine vollständige, widerstandslose Bejahung aller Aspekte des Lebens bedeutet, wohlgemerkt aller Aspekte! Man kommt an, in sich und fühlt sich sauwohl nach all dem Kämpfen und Streben. Erst hat man im Äußeren gekämpft, um Erfolg, Anerkennung, Liebe und Wohlstand. Dann hat man im Inneren gekämpft, um Ruhe, Seelenfrieden, Toleranz, Nicht-Urteilen oder Erleuchtung. Und plötzlich erkennt man, dass der schnellste Weg zur Befreiung die völlige Hingabe an das ist, was in jedem Augenblick ist. Und das bedeutet, alles loszulassen und sein zu lassen. Kein Widerstand dem Leben gegenüber in allen Aspekten – reine Leere, die zu einer völligen Verbundenheit mit allem führt. Das Ich ist ein Witz, eine Fiktion, der man nachjagt, wie der Hund dem eigenen Schwanz. Ein Journalist fragte einen buddhistischen Mönch: Was ist die Essenz des Buddhismus? Der Journalist erwartete eine lange, gescheite Antwort und der Mönch antwortete knapp: „Kein Ich, kein Problem."

Die einzige spirituelle Tradition, die sich mit der Leerheit allen Seins auseinandersetzt – man kann statt Leere auch Substanzlosigkeit sagen – ist der Buddhismus. Hier wird die Leere als „Shunyata" bezeichnet und bedeutet Nicht-Ich. Wer längere Zeit meditiert, stellt unweigerlich fest, dass die Vorstellung eines konstanten Ichs eine Illusion ist. Das Einzige, was konstant ist, ist der ständige Wandel der Existenz und das schließt ständig wechselnde Gedanken, Gefühle und Empfindungen mit ein. All das nennen wir Ich, weil wir uns damit identifizieren. Wer aber aus einer Meta-Perspektive sein Denken beobachtet, wird sich schnell der chaotischen Eigenständigkeit des Denkens bewusst. Man erkennt, dass die Welt letztlich keine Welt des Seins ist, sondern des ständigen Werdens, in der es keine festen Substanzen und keine unumstößlichen Realitäten gibt.

Die einzige Konstante ist der Wandel, wie Heraklit bereits vor 2.500 Jahren erkannte. Gleichzeitig prägte der Buddha den zentralen Begriff der Impermanenz, der Nicht-Dauerhaftigkeit. Je offener unser Betriebssystem wird, d.h. je geringer die Identifikation mit dem Geschwätz des inneren

Dialoges, umso mehr offenbart sich eine andere Form von Intelligenz. Beginnt man sich im Beobachter zu verankern, kann man konstant eine Meta-Perspektive einnehmen und erfährt so die Leere oder Formlosigkeit als letztlichen Urgrund des Seins, aus der heraus sich alle Formen materialisieren. Mit der Erfahrung der Leere einher geht die Bewusstwerdung, dass alle Formen miteinander verbunden sind. Nichts ist getrennt. Alles ist in allem enthalten. Die Wirklichkeit wird zum Hologramm, das sich durch uns als Wahrnehmende seiner Komplexität und Schönheit bewusst wird. Dieser Zustand geht einher mit der Entdeckung des Cloud-Bewusstseins, denn das Hologramm ist nicht einfach nur ein Meer aus Energie, es ist auch ein Informationsmeer. Während die alten, von der Gesellschaft konditionierten Muster verblassen, eröffnet sich ein neues Bezugs- bzw. verstecktes zweites Betriebssystem, das sich mit diesem Informationsmeer, der Bewusstseinscloud, immer besser synchronisiert.

2. Objektfreie Meditation

> «Wenn wir jegliche Bewegung unterlassen,
> wird unser Geist Ruhe finden.
> Und diese Ruhe wird schließlich
> Bewegung entstehen lassen.»
> *Taisen Deshimaru*

Grundsätzlich kann man Meditationstechniken unterscheiden in solche, die objektbezogen sind, und solche, die frei sind von Objekten. Bei der objektbezogenen Meditation geht es darum, seine Aufmerksamkeit auf ein Objekt zu richten: den Atem, ein Mantra, ein Bild, bestimmte Gedanken, etc.. Die Grundannahme bei den objektbezogenen Techniken ist die, dass man über die Konzentration auf den Atem z.B. von der Beschäftigung mit den eigenen Gedanken ablässt und die dadurch gewonnene innere Distanz zu mehr Ruhe, Gelassenheit und irgendwann zur Erleuchtung führt. So die unausgesprochene Erwartung oder Spekulation fast aller, die diszipliniert genug sind, jeden Tag Zeit zu investieren, um zu meditieren.

Die objektfreie Meditation hingegen geht davon aus, dass wir schon da sind, wo wir hin wollen. Es geht darum, im Selbst anzukommen, was natürlich in ein Paradox führt. Denn ich kann nicht ankommen in etwas, was ich schon bin, oder? Es geht hier um das Bewusstwerden des Wahrnehmungs-prozesses selber, nicht mehr also um das Erreichenwollen eines außergewöhnlichen Entspannungs- oder Bewusstseinszustandes, sondern vielmehr um die Wahrnehmung des Erkennenden selbst, das Subjekt der Wahrnehmung: Wer ist derjenige, der wahrnimmt oder sich bewusst ist oder jetzt gerade diese Zeilen liest?

Nach vielen Jahren objektbezogener Meditation passierte bei mir dieser „Switch" zur objektfreien Meditation spontan. In einer abendlichen Meditation tauchte plötzlich wie aus dem Nichts die Frage auf: Wer meditiert hier eigentlich und wofür? Was versuche ich da gerade zu erreichen? Dann dämmerte mir, dass ich zuvor vergeblich nach einem Zustand suchte, den ich nie erreichen würde, weil ich etwas suchte, was ich bereits war.

Stellen Sie sich vor, Sie sind Brillenträger und suchen die Brille, die Sie bereits aufhaben. Sie werden sie nie finden. Das Finden kann nur stattfinden, wenn Sie das Suchen aufgeben und realisieren, dass Sie bereits das sind, was Sie suchen. Das Resultat dieser Erkenntnis war ein inneres Ankommen, undramatisch und unspektakulär, aber eindeutig und ohne irgendeine Anstrengung. Mir wurde plötzlich klar, dass die Anstrengung selber das größte Hindernis war.

«Es gibt nichts, das sich nicht
durch Nichtstun bewältigen ließe.
Auf alles verzichten bedeutet,
das Universum zu gewinnen.»

Laotse

3. Über die Augen ins Cloud-Bewusstsein

«Wenn die Augen sich entspannen,
entspannt sich das Gehirn.»

Wir lieben offene Weite. Sobald der Blick in die Ferne schweifen kann, entspannen wir uns. Spontan passiert dies am Meer oder in den Bergen. Offene Weite ist Teil unserer primären Natur. Sie führt unmittelbar in einen Zustand der Entspannung. In einer überfokussierten Gesellschaft, die Konzentrationsfähigkeit über alle Massen schätzt und nutzt, stellt offene Weite das Gegenstück dar. Offene Weite stellt sich auf natürliche Weise ein, wenn wir Achtsamkeit praktizieren. Wenn Konzentration und Achtsamkeit im Gleichgewicht sind, fördert dies sowohl unsere Leistungs-fähigkeit und als auch unsere Erlebnistiefe. Zu viel und einseitige Konzentration dagegen führt zu Verspannungen und Erschöpfung. Daher ist es wichtig, Rituale in seinen Alltag einzubauen, die helfen, eine Überfokussierung zu vermeiden. Die folgenden Übungen lassen sich als Rituale sehr gut in den Alltag einbauen. Sie helfen die Konzentrationsfähigkeit zu steigern und Erschöpfung bzw. Verspannungen zu vermeiden.

Der einfachste Weg, um ins Cloud-Bewusstseins zu gelangen, besteht darin, die Augen zu entspannen. Der Sehnerv und die Augen verbrauchen ca. 40% der Kapazität des Gehirns. Wenn die Augen entspannt sind, entspannt sich das Gehirn. Wenn das Gehirn entspannt ist, entspannt sich der ganze Körper, weil der Sehnerv alle zentralen Bereiche des Gehirns durchläuft. Um auf einfache Art einen Zustand der Achtsamkeit zu praktizieren, aktiviert man einen Teil des Gehirn, der meistens brach liegt. Man konzentriert sich auf den oberen Teil des Hinterkopfes. Hier ist die obere Sehrinde angesiedelt. Sie ist zuständig für das periphere Sehen, für die offene Weite. Indem wir mit der Aufmerksamkeit in diesen Teil des Sehnervs gehen und von dort die Augen und den gesamten Sehnerv entspannen, gelangen wir automatisch in einen Zustand der Achtsamkeit.

Konzentration geht meistens vom vorderen Teil des Gehirns aus, dem präfrontalen Cortex. Je mehr wir uns konzentrieren, umso stärker neigen wir uns auch nach vorne und verspannen unbewusst Nacken- und Rückenmuskulatur. Wenn wir dagegen innerlich einen Schritt zurückgehen, d.h. uns für einige Momente auf die Panorama-Wahrnehmung der Achtsamkeit im Hinterkopf konzentrieren und den Sehnerv entspannen, entsteht auf natürliche Weise Achtsamkeit. Unsere Haltung verändert sich. Der Kopf geht nach hinten, Nacken- und Schultermuskeln entspannen, die Lungen öffnen sich und das Atmen wird leichter. Probieren sie es aus, jetzt. Betrachten sie den Text mit hoher Konzentration und dann wechseln sie zu einer weiten, entspannten Sicht aus dem Hinterkopf heraus. Nehmen Sie den Unterschied wahr. Das bedeutet, innerlich in einen Zustand der Achtsamkeit zu wechseln. Dann schließen Sie Augen und entspannen Sie von hinter her die Augen und den gesamten Sehnerv. Machen Sie das mehrmals am Tag. Lassen Sie es zu einem Ritual werden, den Fokus bewusst aufzugeben, den Blick weich werden zu lassen und die Wirklichkeit immer mehr von hinten, d.h. mit Abstand, aufzurollen. Ihre Augen, Ihr Gehirn und Ihr Körper werden es Ihnen danken.

«Etwas, was man im Fluss verloren hat,
findet man auch im Fluss wieder.»
Zen

4. Dem Gehirn eine Pause gönnen

«Still sitzen, nichts tun, der Frühling kommt
und das Gras wächst von alleine.»
Zen

Es war Zufall, als ein Neurologe namens Markus Raichle bei einem seiner Probanden, der ohne spezifische Aufgabe einfach nur in der Magnetresonanz-Röhre lag, die Hintergrundaktivität des Gehirns untersuchte, als dieser eine Pause machte. Raichle fand zu seiner Überraschung, dass das Gehirn, wenn es nicht mit einer Aufgabe beschäftigt ist, trotzdem äußerst aktiv ist: Es verarbeitet und synchronisiert Informationen aus den verschiedensten neuronalen Netzwerken. Dieser Modus, auch passiver Verarbeitungsmodus genannt, springt nur dann an, wenn wir rein gar nichts tun. Die zentrale Erkenntnis des Neurologen zum Hintergrundrauschen des Nichts-Tuns: Man sollte seinem Gehirn immer wieder eine Pause gönnen. Wer ständig aktiv ist, unterdrückt damit wichtige Funktionen des Gehirns in zahlreichen neuronalen Netzwerken, unter anderem in solchen, die für Kreativität zuständig sind. Wenn wir also wollen, dass unser Gehirn optimal arbeitet, sollten wir unbedingt Pausen des Nichts-Tuns in unseren Alltag einbauen.

Man hat uns allerdings von Kind auf beigebracht, dass jeder Augenblick mit Aktivität gefüllt werden muss, sodass wir ständig mit E-Mails, SMS, Besorgungen, Telefonieren, Autofahren, Bearbeiten von Checklisten oder anderen Aktivitäten beschäftigt sind. Meine Mutter sagte oft zu mir: „Ralph, sitz nicht einfach rum, mach was!" Heute wissen wir, dass das kein optimaler Umgang mit dem Gehirn ist, da durch permanente Aktivität keine neuen Verbindungen entstehen können. Untersuchungen zeigen beispielsweise, dass die jüngere Generation weniger kreativ ist als die Älteren, die noch „rumhängen" konnten, ohne ständig SMS zu senden, zu „gamen" oder zu „chatten". Fazit: Wer nicht ab und zu faul ist und einfach nichts tut, tut sich und seinem Gehirn keinen Gefallen, denn das Gehirn ist wie ein Muskel, der auch Erholung braucht, um wieder gut arbeiten zu können. Es scheint also so etwas zu geben wie eine spontane Aktivität des Gehirns. Mit anderen Worten: Das Gehirn organisiert sich teilweise selbst und sogar besser, wenn wir es im Selbstorganisation-Modus arbeiten lassen.

Selbstorganisation ist übrigens ein Kennzeichen aller natürlichen Systeme, und das Gehirn gilt unter Neurologen als ein komplexes System mit einem hohen Grad an Selbstorganisation. Schalten Sie also getrost ohne Schuldgefühle in den Selbstorganisationsmodus des Nichts-Tuns. Ihr Gehirn wird es Ihnen danken, dass es endlich Zeit hat für Maintenance-Arbeiten und Ihnen als Bonus noch eine kreative Idee zufallen lassen.

5. Achtsamkeit & Cloud-Bewusstsein

„Achtsamkeit bedeutet eine mühelose Wahrnehmung
jedes Gedankens, jeden Gefühls und jeder Empfindung,
ohne sich darin zu verlieren. "

Wenn wir an Achtsamkeit denken, assoziieren wir damit oft äußere Situationen. Man ist sehr achtsam, wenn man aufs Glatteis geht oder Gemüse schneidet. Die Achtsamkeit, von der hier die Rede ist, bezieht sich auf die innere Achtsamkeit. Sie ist ein Schlüssel, um aus der Stressfalle des Alltags herauszufinden und zu der Intensität zu gelangen, die wir als Lebensfreude bezeichnen. Bleiben wir mal für den Moment beim Glatteis, passt auch zum Wetter. Wir heben den Fuß vorsichtig an, balancieren achtsam das Gleichgewicht und setzen den Fuß vorsichtig auf. Im Buddhismus nennt man das Walking-Meditation. Wir praktizieren das hier jeden Winter, wenn nicht gestreut wurde, aber eher ungewollt und unbewusst. Verstehen Sie mich nicht falsch. Ich empfehle Ihnen nicht, von nun an wie auf Eiern durch die Gegend zu laufen.Wenn wir die Achtsamkeit auf Gedanken oder Gefühle lenken, stellen wir fest, dass wir zum Beobachter dieser Gedanken und Gefühle werden. Und jetzt stellen Sie sich mal für einen Moment vor, das sei genauso, wie auf Glatteis zu gehen. Ich kann entweder achtsam mit Gedanken umgehen oder schludrig. Achtsam sein heißt übrigens nicht, hoch konzentriert zu sein, sondern eher das Gegenteil: Kein Fokus, sondern eher Panorama-Perspektive; Weitwinkel ist angesagt, statt Schärfenfokus.

Probieren Sie es einfach mal jetzt aus, wenn Sie den Absatz zu Ende gelesen haben. Konzentrieren Sie sich dann für einen Moment auf den Hinterkopf, und von dort betrachten Sie mit entspannter Haltung alles, was so gerade in Ihrem Kopf abläuft. Je entspannter Sie dabei sind, umso einfacher wird es sein.

Jetzt

Klar, wenn Sie nicht entspannt sind, rutscht Ihr Bewusstsein wieder nach vorne auf die Bühne, sagt Ihnen, dass Sie jetzt wirklich keine Zeit für so einen Unsinn haben, und schwupps sind Sie wieder in der Stressfalle. Tja, dann haben Sie vergessen, dass Sie ja eigentlich der Beobachter von all dem sind, was da gerade in Ihnen und um Sie herum abläuft. Dieser „Switch" von dem, der in seine Gedanken oder Gefühle verstrickt ist, zu dem, der sein eigenes „Affentheater im Kopf" und den „Gefühlszirkus" aus der Zuschauertribüne beobachten kann, der erfolgt durch Achtsamkeit.

Wenn wir damit beginnen, es uns in der Zuschauertribüne gemütlich zu machen und unsere Gedanken und Gefühl mit gehörigem Abstand zu betrachten, passiert etwas Interessantes. Die Wirklichkeit wird intensiver und bunter. Das ist auch kein Wunder, denn unsere Sicht der Dinge wird nun nicht mehr gefiltert durch die subjektive Brille von zwanghaften Gedanken, Vor-Urteilen, Interpretationen, Ängsten, Selbstbildern, Mustern, Begierden, endlosen Wünschen und anderem Unsinn. Dieses „Zeug" ist zwar am Anfang immer noch da, wenn man Achtsamkeit zum wichtigsten Projekt seines Lebens macht, wird dann aber mit der Zeit immer mehr zum Hintergrundrauschen auf der Bühne unseres Lebens.

Mit Achtsamkeit im Hinterkopf erleben wir nun jeden Augenblick wesentlich intensiver. Schnell erkennen wir, was wesentlich ist und was nicht. Wir ersparen uns den inneren Monolog, der uns früher Tag für Tag mit „Nonsens" zugetextet hatte. Die Spaghetti schmecken wieder wie beim ersten Mal, und der Partner kann nicht mehr behaupten, dass wir ihm nicht zuhören. Wir sind voll da, ohne Filter, ohne Wenn und Aber. Voll im Hier und Jetzt.

Also rekapitulieren wir nochmal: Jede Erfahrung hat nur drei Elemente: Gedanken (inklusive der Bilder dazu), Emotionen und Körpergefühle. Verlieren wir uns also nicht in dem „Zeug". Gehen wir an den Ort der Achtsamkeit in unserem Gehirn, in den Hinterkopf, und schauen mit großer Gelassenheit unserem „Kopf- und Gefühlskino" zu.

Und jetzt kommt der Clou, der endgültige Schritt in die Freiheit. Bereit zum Sprung? Wenn ich also nicht meine Gedanken und auch nicht meine Gefühle bin (nehmen wir mal spaßeshalber auch noch den Körper dazu)? Wer bin ich dann? Wer ist das, der all das wahrnimmt? Logische Antwort: Ich bin das Bewusstsein, das all das wahrnimmt. Denn alle Gedanken, Gefühle und Empfindungen erscheinen im Raum des Bewusstseins als „Daten". Deshalb betrachten wir am besten von nun an alle Gedanken, Gefühle und Empfindungen als flüchtige Objekte unserer Wahrnehmung. Achtsames Bewusstsein ist der Raum, in dem alle diese Phänomene entstehen und wieder vergehen. Je mehr wir uns in diesem Raum zu Hause fühlen, umso interessanter wird das Leben und zwar jeder Augenblick. Probieren Sie es aus und lassen Sie mich wissen, wie es läuft.

„Wirkliche Achtsamkeit ist ein Zustand,
der vollkommen ohne Anstrengung ist."

6. Der gedankenfreie Raum

Sobald wir in einen gedankenfreien Raum eintauchen, auch wenn es nur wenige Minuten sind, beruhigt sich unser Gehirn und mit ihm unser Organismus. Alle Entspannungs- und Meditationstechniken suchen, unabhängig von ihrem kulturellen Hintergrund, diesen Ort der Stille. Die Natur bietet uns diesen Ort gratis. Ob es die Weite des Meeres, die wuchtige Dimension der Berge oder der endlose Raum beim Anblick des sternübersäten Nachthimmels ist, die erhabene Schönheit der Natur hilft uns, die Bedeutungslosigkeit des eigenen Denkens und Dramas zu erkennen. Sie setzt unsere Gedankenspiele über das Leben und seine Probleme in die richtige Relation. Wenn wir genauer analysieren, was passiert, wenn die Gedanken für einen Augenblick aufhören, unsere Aufmerksamkeit einzufordern, wird klar, dass das Innehalten – nebst der Entspannung – auch einen Moment der Selbstvergessenheit erzeugt. In diesen Momenten hört der innere Dialog einfach auf und mit dem zeitweiligen Verschwinden des inneren Dialogs verschwindet auch die Selbstreferenz. Wir werden nicht nur gedankenlos, sondern auch selbst-los. Es ist das Ende der inneren Welt oder neurologisch betrachtet, das Ende des narrativen Modus, in dem wir uns dauernd auf unsere Gedanken über die Welt beziehen, statt die Realität ungefiltert so wahrzunehmen, wie sie faktisch ist.

Wenn der automatisierte, narrative Modus seine Faszination verliert, schwindet auch die Bedeutung und Attraktivität der eigenen Gedankenwelt: Urteile, Kommentare, Überzeugungen und Selbstgespräche, die das Gehirn fortwährend produziert. „Kein Ich, kein Problem" ist, wie bereits erwähnt, die kürzeste Definition, die ein buddhistischer Mönch einst einem Suchenden gab, der wissen wollte, was die Essenz des Buddhismus ist. Wenn man sich nicht mehr in seinen Gedanken verliert (= narrativer Modus), d.h. sie mit einer gewissen Leichtigkeit an sich vorbeiziehen lassen kann, ohne sich weiterhin mit ihnen zu identifizieren, erlangt man mentale Freiheit. Mentale Freiheit ist aber gleichzeitig auch Freiheit vom Ich. Denn das Ich ist eine mentale Konstruktion unseres Gehirns, das Konglomerat aus Milliarden von

Eindrücken, die in unseren Neuronen und in unserem Körper gespeichert sind. Das Ende der inneren Welt ist der Beginn einer intensiveren Wahrnehmung der ungefilterten Wirklichkeit, so wie sie tatsächlich ist. Sobald wir die Realität direkt wahrnehmen, erkennen wir die Schönheit des Seins nicht nur in der Erhabenheit der Natur, sondern in jedem Menschen, jedem Lebewesen und jedem Augenblick, den das Leben uns bietet. Nicht umsonst nennt die Neurologie diesen Modus den Direkterfahrungsmodus. Der Zugang zu dieser Direkterfahrung der Wirklichkeit ist einfacher, als wir denken. Man kann sich nicht in ihn hineindenken, man kann nur in ihn hinein gleiten, wenn man für einen Moment die Gedanken anhält. Probieren Sie es einfach aus, jetzt. Und dann ziehen Sie diesen gedankenfreien Raum, dieses Jetzt, einfach in die Länge, indem Sie sich vollständig auf Ihre Sinne konzentrieren: Sehen, Fühlen, Hören, Riechen und Schmecken. Egal welchen Sinn Sie nehmen, auch wenn Sie mehreren Sinnen gleichzeitig Ihre ungeteilte Aufmerksamkeit geben, Sie landen automatisch im Direkterfahrungsmodus und alle Ihre Probleme hören auf zu existieren. Denn sie existieren nur virtuell in ihrem narrativen Modus als Gedanken über etwas. Machen Sie diesen wichtigsten Schritt aus dem Verlorensein in Ihre Gedanken jetzt. Steigen Sie aus dem Gedankenzirkus aus. Lassen Sie sich nicht zum Clown Ihres Gehirns machen.

Ich weiß, es ist das Ende Ihrer inneren Welt, Ihrer heiß geliebten Selbstreferenz, von der Sie glauben, dass Sie es sind, weil Sie davon überzeugt sind, dass es Ihre Identität ausmacht. Aber glauben Sie mir, diese Identität ist völlig fiktiv und meistens problembeladen. Schauen Sie sich doch um, wie es Ihren Zeitgenossen geht, die immerzu in ihren Gedanken „abhängen" und sich das Leben vermiesen, obwohl sie fast alles haben, was man sich nur wünschen kann und sicher alles haben, was man im Leben wirklich braucht. Ich gebe zu, es ist einfacher, es beim Gegenüber zu erkennen als bei sich selbst.

Aber das nächste Mal, wenn Sie einem Menschen gegenüberstehen oder sitzen, der in seinen Gedanken verloren ist, machen sie den Byron Katie-

Check bei sich selbst. Ist das, was Sie gerade denken, wirklich wahr? Können Sie mit absoluter Sicherheit sagen, dass das stimmt, was Sie gerade denken? Wie fühlen Sie sich, wenn Sie das denken? Wie fühlen Sie sich, wenn Sie diesen Gedanken einfach fliegen lassen wie einen Drachen und die Schnur, die Sie mit diesem Gedanken verbindet, durchschneiden? Erlauben Sie sich frei zu werden von sich selbst. Jetzt.

Tiefe Stille ist ein Zustand in dem sich alle Gedankenformen auflösen. Da Stille unsere wirkliche Natur ist, kann man sie nur schwer erreichen, indem man sie anstrebt, aber wesentlich leichter, indem man sie in sich entstehen lässt. Wenn wir im Inneren Raum schaffen, entsteht Stille spontan. Sie offenbart sich dann als die höchste Schwingung unseres Seins. Der eigentliche Sinn aller Meditation ist das Eintauchen in die Stille. Innere Stille offenbart sich in ihrer ganzen Kraft dann, wenn es uns gelingt, sie zu sammeln. So wie eine Biene für den Winter Honig sammelt, so können wir uns für die schwierigen, dunklen Zeiten mit Stille anreichern. Wenn wir in der Meditation mit der Vorstellung arbeiten, einen inneren Raum zu kreieren, in dem wir der Stille erlauben, sich immer mehr auszudehnen, haben wir die Chance, einen radikalen Veränderungsprozess zu durchlaufen. Die Schamanen Mexikos lehrten einst, dass jeder Mensch eine spezifische Schwelle hat, bis die angesammelte Stille einen Durchbruch in einen anderen Bewusstseinszustand ermöglicht.

7. Inkubation – der westliche Weg ins Cloud-Bewusstsein

Die meisten von uns sind in der westlichen Kultur zuhause. Hier sind wir geboren. Auf dem Boden der Logik haben wir eine machtvolle Kultur erschaffen, die längst ihren Ursprung vergessen hat. Um diesen Ursprung geht es. Wo kommen wir her? Was sind unsere Quellen? Wie ist all das entstanden und wie können wir diese Quellen nutzen, um eine weisere Zivilisation zu schaffen?

Viele haben sich in den letzten Jahrzehnten von der oberflächlichen Konsumkultur des Westens abgewendet und sich dem Osten zugewendet, um eine Form spiritueller Nahrung zu finden, die uns im Westen abhanden gekommen ist. Sie suchten, wie ich auch, im Buddhismus, im Yoga, den heiligen Schriften und Riten der Hindus, Sufis oder in den schamanischen Ritualen der Ureinwohner Amerikas. Die meisten Menschen gehen von der irrtümlichen Annahme aus, das Christentum sei die Quelle unserer Kultur. Weit gefehlt. Das Christentum hat weder die Logik erfunden, noch die Technik und war nie ein großer Verfechter der Vernunft. Im Gegenteil, seine Päpste brauchten 500 Jahre, um anzuerkennen, dass Galilei Recht hatte und die Erde keine Scheibe ist. Der Schlüssel zur Essenz, zur Quelle unserer Kultur, liegt weit zurück. Genauer gesagt 2.500 Jahre – im heutigen Süditalien. Hier in Velia, lebte ein Mann, der wie kein anderer unser Denken beeinflusst hat, Parmenides. Er war Heiler, Philosoph und Meister der Träume.

Als Priester des Apollo vermochte er noch weit mehr; er konnte mit den Göttern sprechen. Auf einer seiner inneren Reisen hatte er eine folgenreiche Begegnung mit der Göttin, die in beiden Welten zuhause ist: der Welt der Dunkelheit und der Welt des Lichtes. Ihr Name ist Persephone, die Göttin, die alles durchdringt, die tiefsten Ebenen des Seins; sie ist die, die alles umfasst, das Werden und das Sterben, das Leben und den Tod. Sie offenbarte ihm die Gesetze der Logik, die später zu den Grundlagen unserer Kultur werden sollten. Aus ihnen entsteht nicht nur Physik, Chemie und Biologie, sondern die gesamte, auf der Logik aufbauende, westliche Zivilisation. Deshalb nennt Platon ihn, Parmenides, den Vater.

Zu verdanken habe ich diese Erkenntnis und die Praxis der Inkubation meinem Freund Professor Peter Kingsley. Er ist derjenige, der diesen spirituellen Ursprung unserer Kultur wiederentdeckte und vom Schutt der Vergangenheit befreite. Parmenides, der mit den Göttern sprechen konnte, wusste, dass Heilung von einer anderen Ebene des Seins kommen muss, und er wusste vor allem, wie man Menschen in diese tiefste, heilsame und erkenntnisreiche Ebene des Seins führte: durch Inkubation. Inkubation ist der westlich-spirituelle Weg, Kontakt zu den eigenen höheren Bewusstseins-ebenen herzustellen. Inkubation bedeutet das Eintauchen in einen Zustand der tiefsten Stille. Hier entsteht Heilung und Offenbarung, Einsicht und Erlösung, Inspiration und Kreativität. Inkubation eröffnet den Zugang ins „Bewusstseinsfeld" und die damit verbundene Möglichkeit, neue Potenziale zu entfalten. Den Zugang zu diesem Feld haben sich Schamanen, Priester und Künstler über die Jahrtausende immer zunutze gemacht. Jetzt ist die Zeit gekommen, dass jeder Mensch sich dieser tiefsten Verbindung mit seiner Seele bewusst wird.

Der einfachste und natürlichste Weg, der uns gleichzeitig wieder mit der Quelle unseres Seins und unserer Kultur verbindet, ist die Technik der Inkubation. Unser Weg zu diesem göttlichen Potenzial über die Inkubation erfolgt über die Sinne. Wir sind eine sinnliche Kultur. Fast alle östlichen spirituellen Traditionen einschließlich des Christentums lehnen die Sinne ab. Askese, Verzicht, Sünde oder Enthaltsamkeit sind typische Charakteristika für eine Spiritualität, die nicht wirklich mit unseren Wurzeln übereinstimmt. Wir im Westen lieben die Sinne, aber verlieren uns in ihnen. Wir tun alles, um Sehen, Hören, Riechen, Schmecken oder Empfinden anzureizen und zu befriedigen. Vom Gourmettempel, in dem wir das Essen zelebrieren, über die Film- und Musikindustrie, die uns akustisch und visuell anregt, bis zur hemmungslosen Ausbeutung des Körpers durch Pornographie – wir haben es erfunden.

Aber dieser Weg führt zu Verrohung und schlussendlich zu Sinnlosigkeit. Die Sinne stumpfen mit der Zeit ab. Die Dosis muss immer mehr gesteigert werden, um immer wieder den gleichen Effekt zu haben. Wer dies durchschaut, begibt sich auf die Suche nach der Tiefendimension des Seins. Er weiß intuitiv, dass diese Tiefe nicht im Exzess zu finden ist, sondern an einem anderen Ort: der inneren Dimension des Seins. Inkubation bedeutet, mit den Sinnen nach innen zu gehen, den Sinnen nach innen zu folgen und den Ursprung ihres Entstehens zu entdecken. Was man durch die Inkubation dort findet, ist die Göttlichkeit der Sinne. Ein Wort der Moderne dafür ist Bewusst-Sein. Dann macht man die Erfahrung, dass es nicht die Augen sind, die sehen, sondern dass das Bewusstsein hinter den Augen sieht; dass es nicht die Ohren sind, die hören, sondern dass es das Bewusstsein ist, das sich der Ohren bedient. Wer in der Inkubation den Sinnen nach innen folgt, dem eröffnet sich eine neue Realität.

Diese neue Realität schärft die Sinne und bringt uns in die Tiefendimension des Jetzt zurück. Hier entsteht eine neue Erlebnistiefe, die die Würdigung jedes Augenblicks des Lebens auf natürliche Weise entstehen lässt. Hier verstummt das Gedankenchaos, das so viele Menschen in sich tragen. Die Inkubation führt nicht nur zu einem tiefen Ankommen im Sein, sie eröffnet uns auch die Verbindung zur göttlichen Natur unseres Selbst. Es liegt nahe, Inkubation mit Meditation zu vergleichen. Wenn man die Meditations-techniken fernöstlicher Traditionen kennt, sieht man schnell die Parallelen. Auch im Osten geht es um Stille, Achtsamkeit oder das Eintauchen ins Sein, aber eben nicht über die Sinne, sondern eher über deren Vermeidung. Dadurch entsteht schnell ein Kampf. Der Kampf um die Erleuchtung oder das Erwachen. Dennoch können wir dem Osten und seinen Lehrern dankbar sein, dass sie uns ihre vielfältigen Techniken bereitwillig zur Verfügung gestellt haben. Aber es ist Zeit, dass wir uns auf unsere eigenen Wurzeln be-sinnen, zurückkehren zu unserer ureigenen Quelle. Hier finden wir nicht nur den natürlichen Zugang zur Cloud, sondern vor allem die Signatur des Göttlichen, die das Potenzial hat, unser Leben vollständig zu transformieren.

Parmenides war einer der bedeutendsten griechischen Philosophen des Altertums. Er lebte 500 v.Chr. in Elea, im heutigen Süditalien. Platon nannte ihn respektvoll „unseren Vater". Als „Erfinder" der westlichen Logik und damit Gründer unserer Zivilisation nimmt er einen besonderen Platz in der Geschichte unserer Kultur ein. Noch bemerkenswerter allerdings ist, auf welche Weise er zu seinen Erkenntnissen über die Logik kam. Auf seinen inneren Reisen begegnete er einer höheren Intelligenz, die er als Göttin beschreibt und die ihm nicht nur die Gesetze der Logik offenbart, sondern ihn auch darüber unterrichtet, was Realität ist, nämlich das ewige und unveränderbare „Sein", und was fiktiv, d.h. nur „Schein-wirklichkeit" ist. Auch wenn diese Texte 2500 Jahre alt sind, enthalten sie Aussagen, die praktisch identisch sind mit Erkenntnissen der relativen Wirklichkeit der Quantenphysik. Die zentrale Rolle des Bewusstseins bei der Wahrnehmung der Wirklichkeit steht bei beiden im Vordergrund.

In Berührung mit Parmenides kam ich durch meinen Freund Peter Kingsley. Peter ist Autor zahlreicher Bücher, Gastprofessor an verschiedenen Universitäten und lehrt griechische Philosophie. Er entdeckte, dass Parmenides und Empedokles, nebst Philosophen, auch Mystiker und Heiler waren. Als Priester des Apollo waren sie nicht nur für das Seelenheil der Menschen verantwortlich, sondern auch für so praktische Aufgaben wie das Errichten von Stadtmauern, das Trockenlegen von Sümpfen oder die strategische Verteidigung ihrer Stadt Velia bzw. Agrigento gegen Überfälle durch Piraten.

Als ich Peter 2007 erstmalig kontaktierte, um ihm meine Wertschätzung dafür auszusprechen, dass er den mystischen Ursprung unserer westlichen Kultur gefunden hatte, wusste ich noch nicht, wie stark er meine Arbeit beeinflussen würde. Einer seiner zentralen Aussagen ist, dass wir anderen Kulturen nur dann wirklich begegnen können, wenn wir wissen, wo unsere eigenen Wurzeln sind. Der Westen wurde über die letzten Jahrzehnte stark von verschiedenen, vor allem östlichen Traditionen beeinflusst: Indische Yogis, Schamanen, Zen-Lehrer oder tibetische Buddhisten haben schon lange bei uns Fuß gefasst. Heute findet man in jeder europäischen Stadt Yoga- oder Chi Gong-Kurse im Angebot, nebst einer Fülle von spiritueller Literatur aus allen Kulturen unseres Globus.

Mich interessierten vor allem die ursprünglichen, mystischen Techniken des Westens, aus denen unsere, auf Logik basierte Kultur hervorgegangen war. Schnell wurde mir klar, dass das, was man in den östlichen Traditionen als Meditation bezeichnet, bei Parmenides «Inkubation» heißt. Als Inkubation wurde damals auch der Tempelschlaf bezeichnet, eine Praxis, bei der man einen Tempel aufsuchte, um dort Heilung oder Inspiration zu finden. Der Begriff Inkubation wird heute vor allem benutzt, um auszudrücken, dass man etwas ausbrüten muss, bevor es sich vollständig entwickeln kann. Wenn wir davon ausgehen, dass wir es dieser Inkubationspraxis verdanken, dass wir mit den Gesetzen der Logik zur mächtigsten Kultur des Planeten wurden, so wundert es, dass diese Praxis heute fast vollständig verloren gegangen ist. Aber eben nur fast, hätte Peter Kingsley sie nicht wiederentdeckt.

Kingsley weist darauf hin, dass wir in einer bedeutsamen Übergangsphase leben, in der uns unsere Wurzeln wieder bewusst werden. Durch mein Studium verschiedener Meditationstechniken Asiens wurde mir klar, dass die Inkubations-Techniken, wie sie mir von Peter vermittelt wurden, sehr viel Ähnlichkeit mit Methoden aus dem Zen-Buddhismus aufweisen. Die wichtigste Erkenntnis für mich aber war, dass sie den – für uns im Westen – einfachsten und zugänglichsten Weg zur Quelle unseres Seins darstellen. Über die letzten Jahre habe ich in vielen Seminaren die Erfahrung gemacht, dass die Teilnehmer über diese uns eigenen authentischen Inkubationstechniken einen sehr schnellen und wirksamen Zugang zu erweiterten Bewusstseinszuständen finden, die von innerer Stille, Klarheit und Gelassenheit geprägt sind. Auch wenn ich eine hohe Wertschätzung für die ideologiefreien Methoden des Zen-Buddhismus und der Shaolin-Tradition habe, Yoga ebenso hilfreich finde, wie Qi Gong oder Tai Ji, ziehe ich doch das Eintauchen in die Stille und Sinnlichkeit in der Inkubation vor. Es erfolgt ohne jede Anstrengung. Der Körper und die gleichzeitige

Wahrnehmung der Sinne spielen dabei eine zentrale Rolle. Aus meiner Sicht ist die Wiederentdeckung dieser westlichen authentischen Technik gerade jetzt der Weg zur Bewusstseinsveränderung. Beiden, Parmenides und Empedokles, wird zugeschrieben, dass sie die Inkubation nicht nur zur Reise in die tieferen Dimensionen des Seins nutzten, sondern dass sie aus dieser Praxis heraus tiefe Erkenntnisse, Heilung und konkrete Lösungen für die Bewältigung alltäglicher Fragen generieren konnten. In der heutigen Zeit erweist sich Inkubation als enorm hilfreich, um dem wachsenden Stresslevel und der Komplexität mit größerer Gelassenheit und innerer Klarheit zu begegnen.

8. Sich in Gedanken verlieren

«Weil er (unser Geist) uns so vertraut ist,
bleibt er unbewusst.»
G.W.F. Hegel

Sich in Gedanken zu verlieren ist so normal, dass es kaum jemand bemerkt. Je mehr Sie sich in Gedanken verlieren, umso mehr halten Sie sie für wirklich. Je mehr Sie sie für wirklich halten, umso mehr leiden Sie. Ängste sind Gedanken, Sorgen sind Gedanken, Belastungen und Befürchtungen sind Gedanken. Bei den meisten Menschen besteht ihre Wirklichkeit komplett aus Gedanken. Sie können im Laufe eines Lebens so dominant werden, dass sie die äußere Wirklichkeit überschreiben oder sogar ersetzen. Gedanken sind Fiktion, Erklärungsmodelle, Interpretationen, Annahmen, Hypothesen. Sie sind in der linken Hälfte des Gehirns aktiv, dort wo auch das Sprachzentrum zu Hause ist. Sie können davon ausgehen, dass sie immer ihren „Senf dazu geben". Was auch passiert in Ihrem Leben, der innere „Kommentator" ist aktiv. Sie bringen ihn nicht zum Schweigen, indem Sie rufen: „Sei still!" Auch wenn Sie sich ab und zu bewusst sind, was der Kommentator Ihnen gerade erzählt, wird es wieder Zeiten geben, wo Sie vollkommen vergessen haben, dass er überhaupt existiert. Das liegt daran, dass der Kommentator fast vollkommen unsichtbar ist.

Der Neurowissenschaftler Michael Gazzaniga war einer der ersten, der sich in seiner Forschung den spezifischen Funktionen der linken und rechten Gehirnhälfte widmete. Er fand heraus, dass die linke Hirnhälfte sich hauptsächlich mit Interpretationen, Deutungen und Kommentaren zur Wirklichkeit beschäftigt. Die linke Hemisphäre versucht dem, was im Leben passiert, einen Sinn abzugewinnen, und arbeitet als interner Übersetzer für alles, was da draußen abläuft. Die letzten 30 Jahre Forschung der Neurowissenschaften sind zu dem Ergebnis gekommen, dass die linke Hemisphäre die Wirklichkeit teilweise so verzerrt interpretieren kann, dass die Interpretation nichts mehr mit der Wirklichkeit zu tun hat. Für die meisten Menschen ist ihr innerer Dialog, ihr Kommentar, oft wirklicher als das tatsächlich Geschehene. Sie können nicht mehr unterscheiden zwischen ihren Gedanken und dem, was faktisch passiert. Sie machen mit ihnen einen Waldspaziergang und sie sehen weder den Wald noch die Bäume. Verstrickt in ihre Geschichten, Interpretationen und Deutungen, meist zum persönlichen Drama, wandern sie blind durch die Welt.

Sich in den Gedanken verlieren ist absoluter Normalzustand. So normal, dass es niemand mehr bemerkt. Sobald Sie jedoch den Kommentator als eigenständigen Teil Ihres Gehirns wahrnehmen, verändert sich vieles. Augenblicke, in denen der Kommentator am einfachsten zu beobachten ist, sind, wenn etwas Unerwartetes passiert. Jemand nimmt Ihnen die Vorfahrt, eine ausfallende Bemerkung eines Kollegen, ein Unfall, unerwarteter Verkehrsstau, Terroranschlag irgendwo und schon läuft der Kommentator auf Hochtouren. Die dann auftauchenden Gedanken, Interpretationen oder Deutungen werden umso echter und glaubhafter wahrgenommen, je stärker sie emotional unterfüttert sind.

Sobald Sie den Kommentator beobachten und ihn als reflexartigen Prozessor in der linken Hemisphäre begreifen, nimmt seine Dominanz ab. Sie erkennen dann schneller, woher der Kommentar kommt und müssen ihn weder glauben noch weiterdenken. Ermöglicht wird dies durch die Funktion des „Inneren Beobachters". Sie beginnen dann die Dinge mehr so zu sehen, wie sie tatsächlich sind, Sie erkennen die „nackte Realität", anstatt sich selbst mit den Interpretationen des Kommentators zu beschäftigen. In der transpersonalen Psychologie nennen wir diesen Prozess Selbst-Gewahrsein, das Gegenteil von in Gedanken verloren sein, Es ermöglicht Ihnen, aus der mentalen Selbsthypnose aufzuwachen: „Ahhh, da ist er schon wieder, mein Kommentator und macht das, was er immer macht: beurteilen, interpretieren, kommentieren, zweifeln, seinen Senf dazu geben! Durch Selbstgewahrsein befreit man sich aus der endlosen Verstrickung in zumeist sinnlose, mentale Aktivitäten.

Meistens beobachten Menschen immer nur die anderen: ihre Kleidung, den Gang, das Alter, den Gesichtsausdruck, ästhetische Vorzüge oder Hässlichkeit, aber so gut wie nie die Mechanik ihrer eigenen Denkprozesse. Sobald Sie die Aufmerksamkeit nach innen richten, nehmen Sie den Kommentator deutlicher wahr. Selbstgewahrsein hilft auch zu erkennen, was man im Moment wirklich braucht, um den Augenblick besser zu genießen, den Geist zu beruhigen oder seiner inneren Gelassenheit mehr Raum zu geben. In diesen Momenten wird die rechte Hemisphäre des Gehirns aktiv. Sie ist für die räumliche Wahrnehmung zuständig. Menschenaffen, unsere biologischen Vorfahren, mussten mit hoher Präzision einschätzen können, wo genau der nächste Ast war, auf den sie sich schwangen. Interpretationen, Deutungen und Kommentare hätten unweigerlich in den Absturz geführt. Daher ist die rechte Hemisphäre für die Einschätzung der Wirklichkeit meist der viel zuverlässigere Teil des Gehirns.

Um sie zu aktivieren, reicht es, einen Teil der Aufmerksamkeit im Körperraum zu verankern. Es kann der Atem sein oder einfach nur das Körpergefühl in den Händen oder Füßen. Sobald wir den primären Fokus der Aufmerksamkeit nach Innen verlagern, wird die rechte Hemisphäre aktiv. Mit ihrer Aktivierung schalten wir gleichzeitig den Beobachter hinzu. Der Kommentator wird als kontinuierliches Geplapper der linken Hemisphäre enttarnt. Als Folge verringern sich Gedanken, bzw. Ängste oder Sorgen werden als mentale Konstruktionen des Kommentators erkannt. Räumliches Selbst-Gewahrsein ist eine einfache und schnell transformierende Technik. Sie ermöglicht das rasche Gewahrsein des Kommentators und ist eine der wichtigsten Schritte, um aus der Zwangsjacke des In-den-Gedanken-verloren–Seins auszusteigen. Vor allem hilft sie uns, die Erlebnistiefe des Augenblicks zu intensivieren und die Wirklichkeit so zu erleben, wie sie tatsächlich ist.

9. Negative Gedanken auflösen

Wenn man sich bewusst macht, dass unser Gehirn eine eingebaute biologische Präferenz hat, sich eher auf etwas Negatives bzw. Gefahrvolles zu konzentrieren, als auf etwas Positives, nehmen zwar deswegen negative Gedanken noch lange nicht ab, aber es kann helfen, einen psychologischen Abstand zu den eigenen Gedanken herzustellen. Wenn man tiefer in die eigene „Software" schaut, realisiert man, dass wir nicht das Geplapper sind, das der Verstand oft produziert, wenn Dinge schief laufen. Wenn man genauer hinschaut, stellt man außerdem fest, dass der Verstand ein Perfektionist ist; man kann es ihm nie recht machen. Häufig genug beurteilt er vor allem andere gemäß seinen idealisierten Maßstäben und wertet sie oder sich selbst ab. Wenn wir uns bewusst wären, was negative Gedanken in uns und in anderen hervorrufen, würden wir mehr Abstand nehmen vom Denken bzw. die Richtung unseres Denkens ändern. Lassen Sie uns für einen Moment von der Annahme ausgehen, dass jeder Mensch bewusst oder unbewusst realisiert, wenn wir über ihn sprechen oder nachdenken. Was würde das ändern in Bezug auf Ihre Gedanken? Je mehr man sich von seinen Gedanken distanziert, umso mehr erkennt man, dass es tatsächlich so ist.

Man beginnt zu spüren, wann jemand über uns spricht oder nachdenkt. Später spürt man auch, ob es negativ oder positiv ist. Manchmal kann man es verifizieren. Man ruft die Person an und erhält die Information: „Ich habe gerade an dich gedacht oder wir haben gerade von dir gesprochen." Man kennt das von Freunden oder nahen Verwandten, aber grundsätzlich gilt dies für alle Menschen. Wir unterschätzen regelmäßig die Kraft und die Auswirkungen unserer Gedanken. Gedanken erzeugen Wahrscheinlichkeitsebenen, die dann real werden, wenn wir diese Gedanken häufig denken und mit Emotionen anreichern. Den größten Schaden allerdings, den wir anrichten, wenn wir uns in negativen Gedanken verlieren, fügen wir uns selber zu. Denn jedem Gedanken entspricht eine energetische Signatur, die sich subtil in unserem Körpersystem widerspiegelt und sich dort verankert. Der Körper hat nicht nur ein Gedächtnis, wie der Frankfurter Neurologe

Joachim Bauer nachgewiesen hat (Buchtipp: *Das Gedächtnis des Körpers*), er reagiert auch unmittelbar auf die Farbe unserer Gedanken. Da wir von der Evolution her eher auf Gefahrvermeidung programmiert sind, heizen negative Gedanken auch noch gleich das Emotionssystem an. Als Folge haben wir nun zusätzlich mit negativen Stimmungen zu kämpfen, und der Körper wird als Folge der Emotionen mit Stresshormonen überflutet. Natürlich gilt das auch im positiven Sinne, aber darüber brauchen wir uns keine Gedanken zu machen und das tun wir normalerweise auch nicht.

Statt sich in den Gedanken zu verlieren, kann man eine Forschungsreise ins eigene Körpergefühl antreten. Psychologisch nennt man diesen Prozess „Introspektion", was so viel bedeutet wie: nach Innen zu schauen. Analog dazu könnte man von „Intro-Sension" sprechen. Kann ich meine Wahrnehmung so verfeinern, dass ich die tatsächliche Qualität der Empfindung, die wir Wut, Ärger oder Resignation nennen, wahrnehmen, wenn ich in sie eintauche? Und was passiert, wenn ich mit Achtsamkeit in diesem Körpergefühl bleibe, auch wenn es sich nicht besonders gut anfühlt, statt dem automatischen Vermeidungsmechanismus nachzugeben und in den Kopf zu wandern? Oftmals ist das anschließende darüber „Nachgrübeln" nichts anderes, als die Standard-Strategie, um der direkten, unmittelbaren Erfahrung des „Schmerzes" und der darunterliegenden Verletzlichkeit auszuweichen. Sobald man in diese Verletzlichkeit sensorisch eintaucht, kann man die Erfahrung machen, dass sie der Ursprung jeder Emotion und jeden Gefühls ist. Fühlen bedeutet verletzlich zu sein. Wenn wir verletzlich sind, kommen wir wieder in Kontakt mit dem Fluss des Lebens und entgehen der Erstarrung. Wir alle haben gelernt und glauben es zumeist immer noch, dass Verletzlichkeit gleichbedeutend ist mit Schwäche, und dass Gefühle zu zeigen ebenfalls ein Zeichen von Schwäche ist. Statt in die Verletzlichkeit einzutauchen, gehen wir lieber in den Kopf, weil wir das damit verbundene Gefühl von Ohnmacht oder Hilflosigkeit nicht spüren wollen. Doch der Preis dafür ist hoch. Wie viele verbitterte Ehen und Scheidungen gibt es heute, weil jeder von seinen tieferen Gefühlen abgeschnitten ist und sich in der Oberflächenstruktur von Wut oder Resignation verliert. Wer sich von seinen tieferen Gefühlen der Verletzlichkeit abschneidet, trennt sich auch von dem, was dem Leben erst Sinn und Bedeutung gibt. Verletzlichkeit ist letztlich der Ursprung von Liebe, Zuneigung, Freude, Empathie, und Ehrlichkeit. Sie ist der Schlüssel, um eine erstarrte Beziehung wieder lebendig werden zu lassen.

10. Der transpersonale Blues

Je kristalliner das Licht des Sommers, umso dunkler erscheinen die Schatten. Kontraste und Widersprüche werden deutlicher in den längsten Tagen des Jahres. Wer Stress im Inneren und Äußeren erfährt, erlebt nicht nur die freudige Qualität dieser expansiven, sommerlichen Energie. Im hellen Licht erscheinen die unaufgeräumten Anteile der Seele deutlicher. Auch sie drängen ebenso an die Oberfläche wie die vitalen, freudvollen Aspekte. „Wo Licht ist, ist auch viel Schatten." Man kann diese dunklen Aspekte der Seele mit seichter Unterhaltung, Essen oder Alkohol verdrängen. Sinnvoller jedoch ist, wenn wir auch diesen trüben, schweren Stimmungen, dem „Sommer-Blues", Raum geben können. Er bringt uns manchmal erst die enorme Spannung und Tiefe, ähnlich einem Sommergewitter, die uns erlaubt, auch in den schwierigen Momenten des Alltags die Tiefendimension des Seins zu erfahren. Rilke nennt diesen seelischen Raum, den man dafür benötigt, ein tiefes Atemholen: „ ...da ist einer, der sich reifen lässt. Er drängt nichts in sich, er überstürzt nichts, er hat immer ein Heute, das ihn ganz ausfüllt, und ein Morgen, das er erwarten kann. Seine Seele hat ein tiefes Atemholen. Sie grübelt nicht, wünscht nichts anderes; sie hat einfach Sommer, sie reift."

Wer beide Seiten des Lebens intensiv leben will, kommt nicht daran vorbei, tiefer nach Innen, in die eigenen Konditionierungen und Haltung in Bezug auf die Widersprüchlichkeiten des Daseins zu schauen. Gautama Buddha formulierte es in seiner Genialität sehr einfach: „Menschen leiden entweder daran, dass das, was sie wollen, nicht eintritt oder dass etwas eintritt, was sie nicht wollten." Der wichtigste Schritt also, um aus der Achterbahn des Leidens auszusteigen, besteht in der grundsätzlichen Akzeptanz, dass das hier ein Zirkus, ein Spiel, eine virtuelle Realität ist. Wir sind Tragikomiker. Aus transpersonaler Sicht ist das Leben ein intensives Unterhaltungsprogramm, Drama und Komödie zugleich. Wer in der Position des Beobachters zu Hause ist, kann sich beidem hingeben, egal ob Niederlage oder Erfolg, Freude oder Schmerz, Gewinn oder Verlust. „Wo es Schönheit gibt, da gibt es auch Hässlichkeit; wo es Richtig gibt, da gibt es auch Falsch. Weisheit und

Unwissenheit bedingen einander, Illusion und Erleuchtung kann man nicht trennen. Ich will dies, Ich will jenes, das ist nichts als Dummheit." *Zen*

Die Kultivierung des Inneren Beobachters ist in allen spirituellen Traditionen eine elementare Aufgabe. Er verfügt über das Wichtigste, um nicht im Drama unterzugehen: „Abstand zu sich selbst". Ist dieser Innere Beobachter ausreichend in der Psyche eines Menschen etabliert, führt er uns in eine Ebene grundsätzlicher Akzeptanz und Bejahung des Lebens in allen Facetten. Wer immer noch im Außen das Rezept für ein glückliches Leben sucht, vergeudet seine Zeit. Obwohl es allem widerspricht, was man uns beigebracht hat. Man hat uns gesagt, dass, wer mehr vom Leben will, Marlboro raucht, den Super-Cappuccino von Luigi oder den Chauteauneuf du Pape trinkt, Maserati fährt oder irrsinnig berühmt sein sollte. Aber viele haben schon versucht ihre innere Leere mit materiellen Objekten zu füllen, um feststellen zu müssen, dass die Haltbarkeitsfrist dieser externen Stimuli sehr kurz ist. Am nächsten Morgen beginnt das Rennen von Neuem und wir sitzen wieder in der Achterbahn.

Ryokan, ein japanischer Zen-Meister des 18. Jahrhunderts, empfahl im Umgang mit den Widersprüchen des Lebens folgendes: „Wenn du einem Unheil begegnest, ist es gut, dem Unheil zu begegnen. Wenn du stirbst, ist es gut zu sterben. Das ist die wunderbarste Weise, dem Unheil zu entrinnen."

„Geh in das Sein hinein, so tief du kannst."

Meister Ryokan – jap. Zen-Mönch

Über Ralph Wilms, den Autor

Im Alter von fünf saß ich auf einem Barhocker am Tresen meiner Großmutter, die eine Kneipe in Dortmund hatte, in der ich auch aufgewachsen bin. Sie rechnete gerade einem Gast vor, was er alles zu zahlen hätte, und ich warf wild eine Zahl in ihre Rechnung. Sie war nicht amüsiert darüber, aber als sie die Summe ausgerechnet hatte, stimmte sie genau mit meiner Zahl überein. Ich erinnere mich gut an das Gefühl, das sich dann bei mir einstellte und das erstaunte Gesicht meiner Großmutter. Dieses Wissen aus einer anderen Quelle hat mich seitdem beschäftig. Wie konnte ich etwas wissen, was ich eigentlich nicht wissen konnte? Woher kommt dieses innere Wissen?

Bei einem Meditationslehrer in Dänemark hatte ich mit 21 den ersten Kontakt mit dieser inneren Welt. Von ihm lernte ich Yoga und Meditationstechniken. Mein Geist wurde ruhiger und mein Körper entspannte sich. Im Psychologie- und Soziologiestudium lernte ich meine Erfahrungen zu konzeptualisieren und, dass jede Kultur und Zeitepoche den Menschen eine Art von Programmierung verpasst, an die sie den Rest ihres Lebens glauben. Die Tätigkeit in der Psychiatrie als klinischer Psychologe, nach dem Studium, zeigt mir u.a., dass die Welt innerhalb der Irrenhäuser nicht weniger drollig ist, als die draußen, wie Herman Hesse einmal bemerkte.

Mit dem Umzug in die Schweiz Anfang der 80iger Jahre, machte ich eine Ausbildung als Investmentbanker und betrat eine neue Welt. Ich arbeitete als institutioneller Finanzberater für eine kanadische Investmentbank. Gleichzeitig begegnete ich meinem Sufi-Lehrer, der mich 12 Jahre unterrichtete. Er kam aus der Tradition der Yogis des Himalaya und der afghanischen Sufi-Mystiker. Er brachte mir die geheimen Atemtechniken der Kaschmir-Tradition des Himalaya bei und wie man mit der kostbarsten Ressource umgeht, die wir besitzen: Aufmerksamkeit. 1989, auf einer Reise mit ihm nach Indien, begegnete ich einem machtvollen Lehrer der Sikh Tradition, der mir half, meinen Geist in eine tiefe Ruhe zu bringen.

Mit der Geburt meines Sohnes 1988 kamen zusätzlich viele Veränderungen in mein Leben. Ich knüpfte wieder an die Frage nach dem inneren Wissen an und begab mich auf die Suche nach meiner Intuition. Im Vordergrund stand die Frage, ob man Intuition lernen kann oder nicht. In Wirklichkeit aber führte mich die Frage schnurstracks zu meiner Lebensaufgabe: Menschen in ihrer Suche nach ihrem Kern, ihrem Wesen, ihrer Seele zu unterstützen. Ich begann Seminare zu geben, fast ausschließlich im Businesskontext, denn aus dem kam ich. Ich lernte die klassischen Inhalte: Management, Führung und Verkauf. Ich wunderte mich, wie man mit so banalen Inhalten Führungskräfte beglückte. Zwei Jahre später, 1990, begann ich, eigene Seminare zu entwickeln und gründete meine Firma: Ralph Wilms & Partner. 1997 ging ich nochmals in den Finanzbereich zurück und gründete eine nachhaltige Finanzgesellschaft, die Care Group AG. Mir war es ein großes Anliegen, neben Ökologie auch soziale Nachhaltigkeit in den Finanzbereich zu bringen. 2011 habe ich die Firma verkauft. Es war Zeit, mich aus der Finanzwelt zu verabschieden und mich wieder hauptsächlich auf meine Lehrtätigkeit zu konzentrieren.

Parallel begegnete ich vielen buddhistischen Lehrern. Sie ließen mich tiefer in die Natur des Geistes schauen. Kaum eine Philosophie hat den Verstand so genau untersucht wie der Buddhismus. Ich schätze nach wie vor die buddhistische Ideologiefreiheit und geistige Klarheit. Die wirkliche Transformation aber ereignete sich, als ich Ende der 90iger Jahre auf einen Lehrer der Advaita-Tradition traf. Er lehrte mich das absichtslose und natürliche Eintauchen in die Stille. Er nannte seine Unterweisungen: „Teaching in Silence". Über zehn Jahre begleite er mich in immer tiefere Dimensionen der Meditation, bis eines Tages der „Meditierende" verschwand. Danach unterrichtete er mich darin, aus diesem anderen Bewusstseinszustand, aus der Stille und Leere heraus, zu sprechen und zu handeln. Das veränderte radikal mein Leben, die Inhalte meiner Arbeit und die Art meines Unterrichtens in Seminaren.

Gleichzeitig zu meiner spirituellen Reise lernte ich schnell wirksame therapeutische Techniken kennen, die alle eins gemeinsam haben: die Erkenntnis, dass der Körper immer in den Prozess miteinbezogen werden muss, wenn es darum geht, alte Ängste oder Muster aufzulösen. Alle unsere Überzeugungen und Einstellungen sind einerseits neurologisch abgespeichert und andererseits im Körpersystem. Daher vermittle und arbeite ich heute ausschließlich mit Techniken der energetischen Psychologie.

Die siebenjährige Zusammenarbeit mit Shi Yan Bao, einem authentischen Shaolin-Mönch, ließ mich tiefer in die Geheimnisse des Zen-Buddhismus eintauchen, und erweiterte meine Kenntnisse im Umgang mit dem Chi, dieser machtvollen, kosmischen Energie. Die Begegnung mit Peter Kingsley, der die mystischen Ursprünge und die Techniken unserer westlichen Kultur wiederentdeckte, rundete meine Erfahrungen mit spirituellen Traditionen und Lehrern ab. Bei ihm lernte ich, mit welchen Techniken wir im Westen Zugang zu unserer eigenen Quelle finden und wie wichtig ist es, dass wir uns mit der Tiefenqualität unserer eigenen Kultur verbinden.

Nach rund 40 Jahren des Lernens und 25 Jahren des Unterrichtens sehe ich es heute als meine Aufgabe an, Menschen mit den wirkungsvollsten Techniken aus unterschiedlichsten Kulturen auf ihrer Reise in die Heilung und die Tiefendimension ihrer Seele zu begleiten. Der Rahmen, in dem ich Inhalte und Methoden unterrichte, ist die Trans-personale Akademie. Ich bin keiner spirituellen Tradition verpflichtet und sehe meine Aufgabe darin, kulturübergreifende Methoden zu vermitteln, die frei sind von Glaubenssystemen. Mein besonderes Interesse gilt zur Zeit der neurologischen Forschung verschiedener Techniken in Bezug auf ihre Wirksamkeit.

Diessenhofen, den 23.8.2016

Kontakt:

Transpersonale Akademie

CH-8253 Diessenhofen , Hintergasse 61

eMail: r.wilms@mindchange.ch
Web: www.mindchange.ch
Web: www.achtsamkeits-management.de

- Coaching, Seminare & Workshops zur Transpersonalen Psychologie
- 4-teilige Ausbildung zum Transpersonalen Coach
  www.mindchange.ch

Silence Finder GmbH

CH-8253 Diessenhofen, Hintergasse 61

eMail: ralph@silencefinder.com
Web: www.silencefinder.com

- Meditations-App für iTunes & Android
- VR App zum Abbau von Ängsten

39401579R00083

Printed in Poland
by Amazon Fulfillment
Poland Sp. z o.o., Wrocław